投资滚雪球系列

买对保险

写给忙碌者的保险入门书

T博士 ——

清华大学出版社
北京

本书封面贴有清华大学出版社防伪标签，无标签者不得销售。
版权所有，侵权必究。举报：010-62782989，beiqinquan@tup.tsinghua.edu.cn

图书在版编目(CIP)数据

买对保险：写给忙碌者的保险入门书 / T 博士著. —北京：清华大学出版社，2022.5（2025.5 重印）
（投资滚雪球系列）
ISBN 978-7-302-60475-4

Ⅰ.①买… Ⅱ.①T… Ⅲ.①保险－通俗读物 Ⅳ.① F84-49

中国版本图书馆 CIP 数据核字 (2022) 第 055411 号

责任编辑：顾　强
装帧设计：方加青
责任校对：王凤芝
责任印制：沈　露

出版发行：清华大学出版社
　　　　网　　　址：https://www.tup.com.cn, https://www.wqxuetang.com
　　　　地　　　址：北京清华大学学研大厦 A 座　　邮　　编：100084
　　　　社 总 机：010-83470000　　　　　　　　　邮　　购：010-62786544
　　　　投稿与读者服务：010-62776969, c-service@tup.tsinghua.edu.cn
　　　　质 量 反 馈：010-62772015, zhiliang@tup.tsinghua.edu.cn
印 装 者：涿州市般润文化传播有限公司
经　　销：全国新华书店
开　　本：148 mm×210 mm　　印　　张：7.75　　字　　数：168 千字
版　　次：2022 年 5 月第 1 版　　印　　次：2025 年 5 月第 6 次印刷
定　　价：69.00 元

产品编号：089930-01

推荐序

谈到买保险，我想起一本社会心理学名著：《不确定世界的理性选择》。诸行无常，我们的世界、人生显然充满不确定性。不确定世界里的一些风险，例如生老病死带来的巨大负面影响，却可以通过买保险来管理，这是我们的一个理性选择。然而，人性中动物性、理性和神性的比例，据说大致是7∶2∶1，理性的占比并不高。因此，调用理性思维去买好保险，对普通人而言或许是个大挑战。

如果说个人买好保险是个大挑战，那么全人类作为一个整体买好保险岂不是一个更大的挑战？请你做一个思想实验：如何给全人类买个保险？

对于这个问题，电动汽车公司特斯拉的创始人埃隆·马斯克就进行了深入思考。他在一次给大学毕业生所做的演讲中，谈到他成立太空科技公司SpaceX的原因，让我很受触动。他说："我认为有99%的可能性，在未来的亿万年间，地球的生态系统还是会很好，还是很宜居，但是那1%的风险也值得我们付出巨大努力，去为之做好准备。"

马斯克后来说他创立 SpaceX，希望帮助人类移民火星，是想备份一个地球，是在为人类买一份人寿保险。马斯克这么说，让我很感动。作为一名保险精算师，我认为人寿保险的本质意义，就在于"为家备份一个自己"，就如同移民外星是为人类备份一个地球。

我做保险、干精算有 20 年了（精算师大致类似 SpaceX 的火箭工程师吧），2010 年我从美国回国时，我发现咱们中国人的各种风险保障都严重不足。最近这几年，我看到大家的保障意识提高了许多，随着经济发展和老百姓收入提高，很多人都开始主动去了解和配置保险。

但是，真想买好保险却并非易事。因此，我向大家推荐 T 博士的这本书。不管是对保险从业者，还是对想要为自己和家人配置保险的消费者，这都是一本值得一读的好书。作者 T 博士以名校博士的亮丽背景，加入保险业一线队伍，直接面对保险客户，服务保险客户，长期经营，成绩斐然，是名副其实的业务精英。

这本书对人生各个阶段面临的风险、转移不同风险需要的保险、各种险种的配置逻辑都进行了系统的梳理。难得的是，T 博士把保险的功能放到了时代语境之中，从我国的医保体系、全球经济增速放缓的大趋势、人口老龄化日益加深的严峻形势出发，解读了保险的价值和意义。

T 博士也在这本书中分享了基于大量实践后总结的投保经验，例如：投保前如何挑选产品和保险公司？投保过程中怎样正确做好健康告知？投保后有哪些重要的事项需要注意？对于这些问题，你在看完这本书后，都会有答案。

中国的保险业和广大的保险消费者都需要更多、更专业的内容,中国保险业的保险消费者教育工作任重道远。因此,对T博士愿意静下心来,用心分享她对保险的理解、经验与智慧,我很钦佩。希望这本书也可以让大家放下对保险的偏见,体会到保险背后的温暖和智慧,激发大家用理性的方式去选择,让我们自己和我们的家庭在无常的世界中都更加从容。

聂方义

北美精算师、某合资保险公司总精算师

《人生宜保》一书作者

序言
我这十年所经历的保险市场

回顾这十年,有两件事情对我影响最大。

一是在国家放开二孩政策前,放弃高校编制,生了老二;二是读博士后,进入保险行业。

人生中的重大决策,往往都不是计划内的。回顾当初,令我感受最深的,是方励先生在《感谢你给我机会上场》演讲中的这几句话:

我们经常在做决定的时候,对未来,对自己的前途,对自己的职业规划等算计太多。你的第一直觉一定是对的。……有时候,不要去想太多,算来算去,你算不清楚的……从心里出来的东西,才是你一生中最重要的东西。

我很庆幸家里多了一个可爱的女儿,现在已经9岁多了;也很庆幸自己亲历了中国保险市场天翻地覆的变化。作为职业选择,一个转型期的行业给了我足够多的做事空间。

这十年,我看到内地居民赴香港投保的热情一路高涨,2012—2016年,投保的保费从99亿港币到727亿港币,5年间增加了7倍。而后到2020年新冠肺炎疫情期间，几乎冰封。我看到内地保险高速发展，大家保险意识提高，重疾险从2013年的300亿元保费规模到2020年逼近5 000亿元，8年间增加了15倍左右；我看到在降息大潮和老龄化的背景下，越来越多的人不仅保险意识提高，还看到了保险在补充养老金方面有无可替代的作用。

一、2014年，我退掉内地保险，转赴香港投保

和很多人一样，我也是在有了孩子以后，才考虑为家里买保险的。2010年，我买了第1份保险，选择的是友邦人寿的"全佑一生"重疾险。当时我完全是保险的门外汉，选择的时候基本上是在挑保险公司，而知道的公司并不多，最后选择了友邦，当时也知道贵，但是觉得一辈子的保单，保险公司的口碑很重要。后来才知道，其实没有必要为保险公司的品牌额外付费太多。

后来生了老二，觉得人生责任更大了，考虑加保。那个时候，我开始了解到香港保险，感觉一下子打开了一扇窗。

我发现那时候香港的重疾险和内地的比较，优势很明显。

首先就是便宜，同样的保额，香港友邦的重疾险价格比内地友邦便宜20%左右。

其次是保障范围更广，我投保的"全佑一生"只保障34种重疾，而香港友邦当时的重疾险"进泰安心保"可以保障54种重大疾病、34种早期危疾（赔保额的20%）。

再次是香港的重疾险有分红，而内地没有，虽然分红是不保证的，极端情况下可能为零，但是有分红设计总比没有的好。

最后是我对比了部分疾病的理赔条件，香港友邦比内地的宽松些。

经过详细了解、比较后，我最终决定把内地的重疾险退了，和先生去香港重新投保，那是2014年的事情。我有了更好的保障，还节省了保费，这件事让我觉得获取信息对于决策太有用了。我希望这些信息对别人也会有帮助，于是就写了一篇文章《退掉内地重疾险，转赴香港投保——我是怎么考虑的》，梳理和分享了当时的思路。这篇文章被大量转载，有授权的，更多的是未授权的。很多读者因为这篇文章，向我咨询保险的问题。

2012年后，很多内地居民选择去香港买保险，大批赴港读书的内地学生也在那几年加入保险行业。依托于他们在内地的关系，香港保险被广泛介绍到全国各地，远至东北、内蒙古、新疆都有人去香港投保。根据香港保险业监管局的数据，2012年到2016年，内地访客新单保费一直飙涨，分别是99亿港元、149亿港元、244亿港元、316亿港元、727亿港元。2016年是内地居民赴港投保的高峰期，香港保险个人业务中有40%的保费来自内地居民。

选择去香港买保险的，主要是两类人群：一是中等收入群体，他们大部分受教育程度比较高，善于获取信息，发现内地和香港保险的差别后果断行动；二是高收入群体，重疾险的区别不足以吸引他们，吸引他们的是香港的储蓄型保险，例如分红险、万用寿险。

在内地居民的保单中，重疾险件数多，储蓄险保费多。但储蓄险也是销售误导的重灾区。有一次我参加活动，餐间就有一位香港保险代理人从一桌到另一桌轮番介绍香港分红险，收益被说到惊人的百分之十几。

实际上，这类英式分红的保单如果持有20年不提取，当时的演示收益逼近年复利7%（2016年以后保险公司根据经济形势，多次下调过分红演示）。但是很少有人会提醒客户，这类保险是要长期持有的，并且分红是不保证的。

高收入群体热衷于去香港投保，还有一个大背景是，2015年、2016年人民币贬值。而那个时候，去香港买保险刷银联卡是不受限的。但是，很快这个漏洞就被堵上了，先是2016年2月开始有单笔5 000美元的限额；后来是10月底，银联发布《境外保险类商户受理境内银联卡合规指引》，几乎就是叫停刷银联卡支付保费。这一政策实施后，内地居民赴港投保的保费逐年下降。2017—2019年，内地访客新单保费分别是508亿港元、476亿港元、434亿港元。

内地居民去香港投保的热潮，是几个因素合在一起促成的：部分人保障意识觉醒、那段时间香港的保险和内地保险相比有绝对优势、人民币处于贬值阶段、外汇政策对于境外买保险有"空窗期"。个人的选择和时代紧密相联，不管是选择去香港投保的内地居民，还是选择从事香港保险销售的内地学生。

时至今日，还有朋友问我要不要去香港、澳门买保险。

如果是出于人身保障的需求，我从2017年开始就不建议舍近求远了，最主要的原因是：香港保险的绝对优势不再、外汇限制导致缴费和理赔款入境都比较麻烦。

香港保险的盛宴逐渐落幕，内地保险的高光时代正在到来。

二、她家四十多份保单，为何还是"裸奔"

我曾帮一位朋友整理家庭保单。她很有保险意识，十多年前就开始买保险，跟进她的保险代理人每年都会向她推荐新产品，她在银行也接触了一些保险，几年下来一家四口的保单多达四十多份，有的已经缴完费，有的还在缴费期，一年保费几十万元。

但是，保单整理下来，我很遗憾地发现：她和家人只有5万～10万元的重疾保障，在保障方面几乎"裸奔"。她买的几乎全是分红险、两全险、万能险，重疾保障只是附加在上面的点缀。

我发现像她这样"有保险、无保障"的人还不少。在出险前发现问题还能补救，最让人难受的是，到出险了才发现家里的一沓保单没一个能派上用场。这是内地保险广受诟病的原因之一——很多保险不是以保障的功能卖出，而是被当作理财产品卖出的。

还有的朋友有保障类的保单，但是要么保额太低，要么险种不全，导致出险的时候要么赔不了，要么赔付金额少，作用有限。

五六年前想要解决这个问题其实挺难。当时，有朋友找到我，说他同事猝死，留下太太和两个孩子，这事儿对他触动很大，问我有没有保险可以针对这样的风险。答案是定期寿险，但是当时内地市场上的定期寿险非常少。零星有那么几款，对客户也很不友好——免体检保额只有七八十万元，对于动辄有上百万房贷的人来说，这个额度远远不够。并且核保还很严格，我有客户仅仅是因为体重超标一点，就被拒保了。

我也遇到朋友拿着某保险公司代理人给的方案，问我有没有其他便宜点的方案可选。她和先生两人年收入加起来20万元左右，如果想要足额的重疾保障，按照那个方案买的话选择这家公司的产品，光是两人重疾险的保费一年就得4万元了，这样很不合算。

这些问题受限于产品设计以往很难解决。但是，"风起于青蘋之末，浪成于微澜之间"，保险行业自身和大环境逐渐发生变化。2015年我开通微信公众号"T博士教你买保险"，开始记录和分享这些变化对我们保险决策的影响。

保险大降价。2013年8月,保监会启动普通型人身险费率政策改革,把预定利率放开到3.5%,对于国家鼓励发展的养老年金或十年期以上普通年金险,预定利率可上浮15%,即达到4.025%。这是可以写入中国保险史的大事。

大家知道哪些因素会影响保险定价吗?死亡率(发病率)、保险公司的费用率都会影响保险定价。但是,对其影响最大的是预定利率。预定利率是年复利的概念,预定利率越高,保险越便宜;反之,则越贵。从2.5%到3.5%,一个百分点的差异,就可以让保险价格下降百分之二三十。人身险费率改革后,市场上零星出现新费率的产品,几年后成星火燎原之势。

保险姓保。2016年底,保监会召开专题会议,指出"保险姓保",要分清保障与投资属性的主次,保障是保险业的根本功能,投资是辅助功能。2017年,推出《中国保监会关于规范人身保险公司产品开发设计行为的通知》(简称134号文件),规范短期理财险,也是意在让保险回归保障本身。

移动互联网的影响。移动互联网几乎影响或重塑了所有行业现有的商业模式,保险也不例外。它日渐打破保险行业的信息不对称,让保险信息更容易触达潜在消费者,改变了保险业的展业模式。

保险中介崛起。保险中介以往只是常见于财产险,例如建地铁、基站等,因为情况复杂,需要个案个议。2016年以后,人寿保险领域的中介发展壮大。而保险中介的崛起,进一步推动着保险行业产销分离。原本的保险销售,是不同保险公司自卖自夸,消费者也很难去甄别。保险中介崛起后,好酒不怕巷子深,只要产品好，就会有人、有机构发掘出来，推荐给有需要的人。

人们主动想买保险了。国际经验显示，当一个国家的人均 GDP 达到一万美元，就标志着保险进入快速发展的通道。这就是藏在人均 GDP 里的产业规律。2019 年，中国人均 GDP 破一万美元，而一些经济发达的城市和地区，例如，上海、广东在更早的时候人均 GDP 就超过一万美元了。收入提升以后，越来越多的人开始有保险意识了。

保险公司竞争越发激烈。当保险中介、互联网保险、社交媒体让保险行业越来越透明时，保险公司的竞争越来越激烈。保险产品没有版权保护，推出半年以后其他公司就可以借鉴。多一点点保障再降一点点价，后浪简直气死前浪。这些公司有一个共同的特点，就是没有自己庞大的代理人队伍，得靠产品打市场。定期寿险逐渐增多，而且不断刷新最低价；重疾险经过几番添枝加叶后，绝对不输于香港的。

重疾保障的疾病从三四十种，增加到百种左右。

增加了轻症保障，轻症对应于香港的早期危疾，差别是香港的早期危疾赔 20% 保额，内地的轻症一开始也是赔 20% 保额，后来逐渐加码，最多能赔付到 45%。而且还增加了中症的概念，能赔保额的 60%。香港的早期危疾赔了 20% 以后，保费照样交，将来发生重疾，赔剩下的 80%。内地的轻症、中症都是额外赔，赔完后保费不用再交，合同继续有效，将来发生重疾或身故还是可以赔保额。

增加了癌症的二次保障。

同时别忘了，保障提升了，保费还比费改前降低了 20%～30%。

后来还出现了不同形态的重疾险：多次赔付的、定期的、不带身故赔付的、五六十岁之前可以额外赔 50% 的……消费者选择重疾险的范围大大增加，简直挑花眼了。

所以，以前家里有多份保单家人还几乎"裸奔"，是受限于产品设计，现在是只要自己多做做功课，或者找到靠谱的保险顾问，完全可以用合理的保费做好全家的保障。我家后来补充保障，选择的都是内地的产品，直观地感受到短短几年的变化。以前保障没做好的时候，我去体检心里都有点发慌，现在心里笃定好多，因为我不怕人身风险带来的经济损失了。

这几年，我一直通过写文章，让读者在保险消费上不买错、不买贵；也鼓励认同保险、善于学习的高素质人才进入保险行业。这几年保险行业也确实吸引了很多优秀人才，希望这些人产生的"鲶鱼效应"，让整个行业的人员素质越来越好。以往的人海战术，真是行不通了。

三、4.025% 预定利率的产品，是薅保险公司羊毛吗

进入保险行业后，我发现保险不仅能起到风险防范作用，而且还有现金流管理作用和财富定向传承、税务筹划的作用。

保险不同的功能，涉及的知识是不一样的。在损失性风险部分，我学中国保险史，学不同险种的功能和定价逻辑，研究市场上不同产品的特色，了解健康核保、财务核保，收集理赔案例和保险判案的司法观点。我系统翻阅过近年来中国法院保险纠纷案例，在帮客户投保时就把将来导致纠纷的可能性降到最低。

随着自己年龄的增加、全球利率的下行、中国老龄化的严峻，我开始关注终身现金流的作用。我去了解人口、养老，关注发达

国家保险行业的险种构成，研究房产、基金、股票、国债和地方债等不同投资品类的优劣势。我还专门去读了财经领域的经典著作《利率史》。

因为身边一些高收入的客户和企业主，我关注到在经营企业、婚姻变化、代际传承时，他们面临的财富所有权的风险，所以去学习继承法、婚姻法、税务、信托、CRS等，了解金融工具和法律工具组合起来的优势。

我很享受这个不断拓宽自己知识边界的过程，一边学习一边输出。

2019年初，经济发展增速放缓，全球央行不断开启降息模式。我发现银行理财的收益不断下降，收益3.5%左右的地方债被哄抢，而保险市场上预定利率4.025%的养老年金很多人没有了解到。这类产品如果长期持有的话，不仅可以终身锁定逼近4%的复利，还可以让自己有一笔终身现金流，活多久领多久，是资管新规后少有的可以刚性兑付的产品。

于是，我在2019年1月写了一篇《4.025%预定利率的产品，为何可能是薅保险公司羊毛》，解释为什么这类保险会刚性兑付、什么是预定利率、为什么20世纪90年代末7%～10%预定利率产品对保险公司而言是"利差损"的隐患，对客户而言是"躺赚"，提醒大家在利率下行大背景下，4.025%预定利率的保险为何是稀缺的。这篇文章在公众号"T博士教你买保险"上有超过10万的阅读量，影响了很多人的决策。我也在那时候买入大额养老年金险。

2019年8月30日银保监会发布182号文，将年金险的预定利率上限从4.025%调整为3.5%，距离上一次费率调整不过六年时间。此后,市场上的年金险再也不如 2019 年那一波了。我很庆幸看准了趋势,提前大半年为大家"预警"。

  这两三年,银行理财不再保本、信托爆雷、大量债券基金跌破净值、大额存单的利息不断下降还取消了靠档计息、互联网存款产品下架、国家坚守"房住不炒"政策……大家可选的投资路径越来越少,而投资的风险在放大,无风险收益也在持续下降。我们能选的固定收益率产品,只有 50 万元以内的银行存款、国债、非分红的储蓄险。以终身年金险、增额寿险为代表的储蓄险,这两年越发受追捧。还是有人会问我还有 4.025% 吗,定期的还有个别产品,终身的就没有了。如果无风险收益进一步下行,不排除现在 3.5% 预定利率还会调低。

  对于中等收入群体来说,从关注保险的保障功能,到关注保险的锁利功能,一般会历经十多年的经济发展。中国内地是跨越式发展,人均 GDP 超过一万美元后,保险的这两个功能几乎同步被看到。而随着老龄化浪潮汹涌而至,养老年金能够保证我们一辈子稳定的现金流,这个功能是其他任何金融产品都不具备的。影响我们养老生活的不仅是钱的多少,还有钱的存在形态。诺贝尔经济学奖获得者罗伯特·默顿教授认为,一个人退休后的生活水准并不是由财富总额决定,而是由现金流来决定的,所以养老规划的目标,不是资产积累,而是为退休以后安排好替代性收入。每月退休金有 2 万元的婆婆需要人照料时,儿媳妇愿意辞职回家照顾她;名下有两套房子的妈妈,女儿想卖其中一套给妈妈养老,儿子却不答应。不同的资产形态,给人的预期是不一样的。

  无关善恶,这都是人性。我们不要忽视钱对人的激励作用,一个是只要把他照顾得好好的,家里就每月多一份收入;一个是什么时候故去了，儿孙就多了一套房产继承。如果可能，我们尽量推动着人性往善、美的方向发展，毕竟，我们越老能掌控的东西就越少。

我在保险行业这几年，觉得保险离人性特别近，保险决策往往是逆人性的：健康的时候，要想着防范疾病的风险；活得好好的，得考虑万一不在的风险；年纪轻轻，得为老来筹谋……等到真病了、老了，能选的保险也就有限了。

中国是人口大国，尽管经过了几年快速发展，2017年中国成为全球第二保险大国。但是，和发达经济体相比，不管保险密度还是深度，我们都有不小的差距。未来至少20年，中国的保险行业还将保持快速增长，希望在发展中，保险越来越贴近消费者的需求，保险的口碑和"行格"都越来越好。

最后，愿你我在人生中都能听从内心，找到"something bigger than yourself"。

目录

第一章
谋定而后动：整体规划

第一节　比性价比更重要的是规划 ················· 2
第二节　买保险如何挑公司 ························ 7
第三节　不同险种如何选产品 ······················ 16

第二章
寿险：备份一个自己

第一节　身故是最大的人身风险 ···················· 20
第二节　定期寿险：不受待见，但很必要 ············ 23
第三节　挑选定期寿险看 3 点 ····················· 26

第三章
重疾险：重大疾病后的收入补偿

第一节　算笔账，重疾险其实很划算……………………30
第二节　重疾险不是为了有钱看病…………………………33
第三节　有了医疗险，是否还需要重疾险…………………36
第四节　拆解主流重疾险的"套路"…………………………43
第五节　多次赔付的重疾险是否必要…………………………53
第六节　是否要选含身故保障的重疾险………………………63

第四章
医疗险：解决"看病贵""看病难"

第一节　医保内的药，为何医保报不了………………………68
第二节　相比普通医疗险，中端医疗险的优势………………73
第三节　高端医疗险能提供的医疗服务………………………84
第四节　用最小成本实现医疗自由……………………………90

第五章
意外险：不怕一万就怕万一

第一节　交通意外险有局限……………………………………98
第二节　怎么买意外险…………………………………………104

第六章
年金险：终身收入保障

第一节　养老逻辑正在发生巨变……………………………… 108
第二节　过去 200 年的"年龄通胀"…………………………… 112
第三节　晚年生活质量由收入决定，而非资产………………… 116
第四节　一个人有钱≠值钱……………………………………… 119
第五节　"养老自由"需要多少钱……………………………… 122
第六节　基金不能取代养老年金………………………………… 123
第七节　力有余，要给父母买养老年金………………………… 131

第七章
增额寿险：对抗利率下行

第一节　负利率时代我们该怎么办……………………………… 134
第二节　存款降息，有什么深远影响…………………………… 138
第三节　普通人更需要储蓄型保险……………………………… 142

第八章
挑保险的三个维度：公司、产品、人

第一节　解读国家 608 亿元接管安邦保险……………………… 148
第二节　"小"保险公司其实并不小…………………………… 151

第三节	是否值得为保险公司品牌溢价买单 …………………… 161
第四节	从两个理赔案看保险公司服务 ………………………… 165
第五节	保险代理人和经纪人的区别 …………………………… 169
第六节	买保险怕踩坑，请牢记这两问 ………………………… 172

第九章
健康核保：保险不是想买就买

第一节	健康告知的原则 ………………………………………… 182
第二节	一些常见异常的核保结果 ……………………………… 186
第三节	医保卡外借是否影响买保险 …………………………… 188
第四节	带病投保熬过两年，出险就能赔吗 …………………… 194
第五节	投保后，如何补充告知体况 …………………………… 199

第十章
出险理赔的注意事项

第一节	掌握这几点，避免理赔纠纷 …………………………… 206
第二节	合同里几个重要的时间节点 …………………………… 209
第三节	投保后要做的 5 件事 …………………………………… 215
第四节	病历会影响核保和理赔 ………………………………… 218
第五节	和投保时的保险顾问保持联系 ………………………… 222

第一章
谋定而后动：整体规划

第一节　比性价比更重要的是规划

普通消费者投保时，通常一上来就要求保险顾问推荐性价比最高的产品。

家庭保险规划，产品固然重要，它让我们不买贵；但框架结构更重要，它让我们不买错。

这是战术和战略的区别。

有的消费者很有保险意识，家里累计投保了数十份保单，但是很遗憾，从保障上讲，家庭经济支柱几乎还是"裸奔"的状态——这样的情况并不罕见。

好的保险销售人员，不该是卖产品的，而是根据每一位客户的具体情况和需求，为客户量体裁衣、定制方案的。

一、规划险种

人生有经典三问：我是谁？我从哪里来？要到哪里去？很多重要选择，回归到这三问，会让人豁然开朗。

同样地，我们为家庭做保险规划时，也建议回到本源和初心，多问问题。

为什么考虑保险？希望达到怎样的效果？

就人身保障而言，我们希望可以通过保险这一金融工具，转移人身风险带来的经济损失，维持家庭现有生活水平和子女教育规划不变。

所有保险决策，从这个目标出发。

谁是重点保障对象？

谁对家庭的经济贡献、责任大，谁就是重点保障对象。保险不是保最爱的人，而是保家里最能挣钱的人。

有哪些人身风险要考虑？

首先是生、老、病、死、残带来的经济损失，建议通过保险去转移；此外，我国老龄化日益严峻，人的预期寿命越来越长，为了应对养老危机，我们也需要转移"年龄通胀"的风险。

与这些风险对应的险种是：

（1）大病——重疾险、医疗险；

（2）身故——寿险；

（3）残疾——意外险；

（4）养老——养老年金险。

这样，险种规划就没有问题了。接下来就是保额，万一出险，保额才是实打实起到作用的。

二、确定保额

保险配置是量体裁衣的过程，没有两个家庭的保险方案是一模一样的，因为没有两个家庭的财务状况、家庭责任、身体状况是一模一样的。保额的设定，也和这3个因素密切相关。

很多人考虑保险的时候，第一时间都会想到重疾险，往往忽视了家庭经济支柱身故的风险。所以，这里先从转移身故风险的寿险讲起。

1. 寿险

狭义的寿险，就是人没了或全残了，就赔钱。一个人的寿险保额，就是我们对家人承担的经济责任。寿险就是让我们无论在与不在，都能尽到自己的经济之责。

其保额要覆盖以下几个部分：

（1）债务，包括房贷、车贷等；

（2）儿女抚养费，至他们经济独立；

（3）父母赡养费；

（4）家庭未来十年的基本生活开销。

2. 重疾险

重疾险的保额，包含以下两个部分：

（1）重疾导致的支出，例如医保外我们需要自担的医疗、疗养、护理、营养费用，以及异地求医的住宿费、交通费等；

（2）重疾导致的收入损失。

很多人在考虑重疾险保额的时候，忽视了第二部分。而这其实才是设立重疾险的初衷。

重疾险的发明者，是南非的外科医生马里厄斯·巴纳德（Marius Barnard），也是完成世界首例心脏移植手术的医生。1983年，他发明了重疾险。他说，我们需要重疾险，不是因为我们怕死，而是因为想好好活。

每个家庭的财务结构和家庭责任不一样，经济支柱的重疾险保额具体需要多少，需要个案个议。

3. 意外险

意外险，用于转移意外伤残导致的经济损失。

意外事故最有可能导致的是残疾而不是死亡。而残疾是根据伤残等级按比例去赔付的。

例如，一肢的缺失属于五级伤残，赔付伤残保额的60%。所以，

选择意外险的时候,有以下两点需要注意:

(1)保障范围要涵盖所有意外伤残情况,而不仅仅是交通意外、意外身故和全残;

(2)保额要高,基本和寿险齐平,至少也得是寿险的一半。伤残会影响收入,高度伤残不仅会带来收入损失或断流,还会导致长期的康复、护理费用支出,经济损失有时比身故更大。

4. 医疗险

在所有险种里,最有可能第一个被用上的,就是医疗险。市场上的医疗险分为:普通医疗险、中端医疗险、高端医疗险,以及专项医疗险。

普通医疗险:30岁左右的人一年保费三五百元,报销额度有上百万元,就医的医院选择是公立医院的普通部。普通的百万医疗险保费便宜,但是条款限制多,大部分外购药都不能报销,能报销的植入器材也很少。

中端医疗险:30岁左右的人一年保费1 000多元,报销额度也有上百万元,就医的医院选择是公立医院的普通部、特需部、国际部。报销可以突破植入器材的限制,免赔额能用医保报销的金额抵扣,有的产品还能报销外购药的费用。看似比普通医疗险贵一点,但实际性价比更高。部分中端医疗险在公立医院的特需部、国际部可以直付(由保险公司和医院直接结算费用)。

高端医疗险:如果希望达到医疗自由,生病以后哪里有最好的治疗就去哪里,不用顾虑费用问题,那么高端医疗险是最好的选择。高端医疗险报销额度上千万元,就医地区可以选择全球,医院只要是合法合规的都可以,包括公立和私立。在医疗网络内的医院,可以直付,并且可以提供医疗转运、紧急救援等服务。

5. 养老年金险

做好基础保障后，建议尽早考虑商业养老年金险。

长寿是大概率事件，我们退休后有很长一段时间要依靠被动收入生活。国际通行的养老三大支柱分别是：社保养老金、企业年金、商业养老年金险。在以前，退休后的养老基本依靠社保，而现在随着预期寿命的增加、出生率的下降，领社保养老金的老人越来越多，但交社保的年轻人却越来越少，仅靠社保养老金，会越来越不够用。商业养老年金险则是一笔确定的、保证能活多久领多久的钱，是社保养老必需的补充。在所有的理财工具中，只有商业养老年金险才能保障我们一辈子有稳定的现金流。这是我们的终身收入保障。

三、选择产品

家庭保障的整体框架搭建好以后，才是产品选择的问题。

这和预算有关——既希望有充足的保障，又希望把保费控制在一个合理的范围内。怎么办？我们可以从多家保险公司挑选合适的产品或产品组合，兼顾上述诉求。

这也和身体状况有关——体况会影响核保，但对于有些疾病和指标异常，不同保险公司的核保宽松度不一样，我们可以利用这种差异性，争取最佳核保结果。

愿大家在做家庭保障规划时，首先别买错，其次别买贵。

第二节　买保险如何挑公司

保险专家给的保险方案，通常是若干家保险公司产品的组合。

买了保险的人经常会有这样的疑问：为什么专家给我选的都是些不知名的小公司？你看 A 公司还有 B 公司，听都没听说过。

实际上，A 公司保费规模过千亿元，而中国近 200 家保险公司里，保费规模过千亿元的保险公司不足 10 家。

至于听说与否，每个人都有自己的认知局限。俗话说"隔行如隔山"，没听说过，并不代表人家就是无名小辈。

一、好公司也可能不知名

2015 年 8 月 12 日天津滨海新区爆炸事故后的理赔统计，如图 1-1 所示，赔付金额排第一的是苏黎世保险公司。

很多人都没听说过苏黎世保险公司，但其实这家公司有着 150 年左右的历史，在 2022 年《财富》世界 500 强企业中排名第 179 位，只是因为它主要经营财产险，作为个体消费者很少接触到。

表 1-1 列出了 2020 年《财富》世界 500 强企业排行榜中的前十家保险公司的排名，以及这些公司在中国的合资公司。

恐怕没有几家是大家熟悉的公司。

其实，中国内地目前有 13 家保险集团控股公司、93 家人身保险公司、86 家财产险公司，但是很多人知道的不外乎三五家保险公司。为什么呢？这三五家投放的广告和聘用的业务员多。

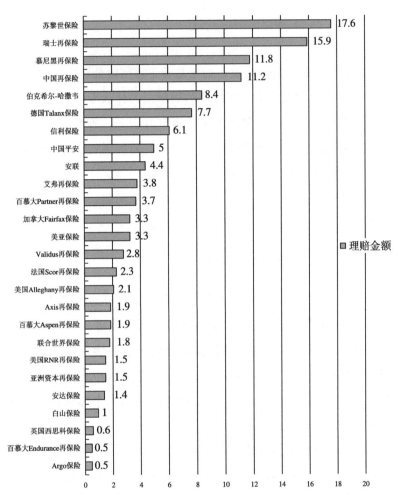

图1-1 "8·12天津滨海新区爆炸事故"各家保险公司赔付账单(单位:亿元)

表1-1　2020年《财富》世界500强中的保险类公司（前十家）

序号	排名	公司名称	营业收入（百万美元）	国家	中国大陆业务
1	14	伯克希尔-哈撒韦公司	254 616	美国	
2	15	联合健康集团	242 155	美国	
3	21	中国平安保险（集团）股份有限公司	184 280.3	中国	总部
4	34	安盛	148 984.4	法国	寿险：工银安盛 财险：安盛天平
5	45	中国人寿保险（集团）公司	131 243.7	中国	总部
6	46	安联保险集团	130 358.8	德国	寿险：中德安联 财险：京东安联
7	60	日本邮政控股公司	109 914.7	日本	
8	66	意大利忠利保险公司	105 920.9	意大利	寿险：中意人寿 财险：中意财险
9	68	Anthem公司	104 213	美国	
10	80	英国保诚集团	93 736	英国	寿险：中信保诚

资料来源：2020年《财富》世界500强排行榜。

根据平安公司的年报，平安2018年的广告费用是118.89亿元，平均每天3 257万元，如表1-2所示。

表1-2　四大险企的广告宣传费明细（2011—2018年）

险企	2011年	2012年	2013年	2014年	2015年	2016年	2017年	2018年
中国人寿	14.05	14.74	14.76	16.06	17.45	21.20	25.49	24.28
中国平安	33.87	53.62	62.23	86.37	101.93	172.46	200.81	118.89
中国太保	17.49	20.26	23.85	24.49	31.71	45.63	41.76	36.74

续表

险企	2011年	2012年	2013年	2014年	2015年	2016年	2017年	2018年
新华保险	5.52	3.54	3.42	3.28	3.25	2.32	2.29	2.25
四险企合计（亿元）	70.93	92.16	104.26	130.20	154.34	241.61	270.35	182.16
四险企日均（万元）	1 943	2 545	2 856	3 578	4 229	6 619	7 407	4 991

不是每一家保险公司都愿意花很多钱请姚明、葛优等名人代言的。

买保险的人通常还有疑问：有的保险公司这几年都是亏损呢，那我的保单有保障吗？

我们要先摆正跟保险公司的关系。

我们如果要买这家公司的股票，要做这家保险公司的股东，那得考虑公司的盈利情况。否则，保险公司盈利了，也不会给消费者分红；亏本了，消费者也不会有啥损失。

如果我们买的是分红险，分到的是"三差"：预定利率差、死亡率差、费用率差，而不是保险公司的利润。

如果是保障类的保险，保险公司是亏是盈、利润多少，跟我们也没多大关系。跟我们有关的，是服务，而服务和保险公司的大小没有关系。

打个比方，我们走进一家餐馆，如果我们是投资人，要入股这家餐馆，那么餐馆的盈利水平、发展前景必然是考虑的重点；如果我们是食客，会关注食材是否新鲜、菜品是否美味、服务是否贴心，至于餐馆是否盈利，跟我们关系不大。

立场不同，关系不同，着眼点也大不相同。

中国内地大约有190家保险公司，如果存在一种最理想的状态：这家保险公司的产品最好、服务最优、品牌最佳、盈利最高，自然要选这家公司。但是在任何领域，这样的理想状态几乎都是不存在的。事实上，没有任何一家保险公司的产品可以全方位做好一个家庭的所有保障。

二、挑产品离不开挑公司

如何挑选保险产品？我们以保障类产品为例。

1. 产品的保障范围和价格

这个比较容易，有时候又有点迷惑性。例如，重疾保障分50种、80种、105种，哪种好？价格一样，当然保障范围越多越好，价格悬殊，那就得看看值不值了，毕竟重疾险中银保监会统一定义的28种就占了整个理赔案例的95%以上，多保障几个发生率极低的病种，差别没那么大。

又如多重赔付的重疾险，有些产品号称最多可以赔付7次，比单次赔付的产品贵40%左右。但人一生中7次患重疾的概率实在太低了。

如果贵8%左右，可以两三次赔付的重疾险，倒是值得考虑。因为有的重疾发生后，患者是可以长期生存的，例如甲状腺癌、乳腺癌。现实中这种情况并不少见。

2. 保险公司的服务

这个说起来有点经验主义，它是我们在跟各家保险公司打交道的过程中的体会，哪些公司的内勤是真正办事的，哪些公司的内勤是混事儿的，接触多了自然心里有杆秤。

3. 保险公司的核保规则

核保规则主要体现在免体检保额、健康核保、财务核保这几个方面。

大家在考虑保险的时间段内,尽量避免体检,因为大多数人是禁不起体检的,尤其是禁不起 B 超的检查。

有些平时没有任何症状的人,一查 B 超,就会发现自己有甲状腺结节、胆囊息肉,女性大概还会查出乳腺结节等。

一旦查出这些状况,保险大概率把相应器官剔除在保障范围外,而保费却不会降低分毫。

健康状况好的客户可以随便挑保险公司和产品。但是对于身体有情况的客户,选择的范围一下子会小很多,只能挑选核保宽松的保险公司。不同保险公司之间的健康核保,差别很大。

例如,一个人 20 年前患过心肌炎,痊愈,且没有后遗症,历年复查心电图,只是 T 波轻微改变。投保 A 公司,出体检照会,几乎要求这个人全身上下检查一遍;投保 B 公司,直接就给他正常承保,连体检都不用。

再比如,一个曾经有子宫内膜息肉的人,几年前做了手术,投保 A 公司,子宫原位癌、子宫恶性肿瘤及其转移癌通通剔除在保障范围外;换作投保另一家,正常承保。

甚至有更夸张的,同一个人在 A 保险公司正常承保,却在 B 保险公司被延期,即暂时不接受投保。

三、足够安全的保险制度

有的消费者心里还是没底:投保重疾险、寿险,真的只要关注产品的价格和保障范围、保险公司的服务和核保规则吗?保险公司的规模、知名度、盈利能力真的不会影响消费者的保单权益吗？

下面我们从制度层面解释这个问题。

1. 偿付能力——防患于未然

中国内地对保险公司的监管是非常严格的，《保险法》中有8条是对保险公司偿付能力的规定。

偿付能力充足率是监管的基本指标，反映保险公司的风险覆盖能力，类似于银保监会以"资本充足率"监管银行。

2021年1月25日，银保监会发布新版《保险公司偿付能力管理规定》，从2021年3月1日起开始实施。

……

第8条 保险公司同时符合以下三项监管要求的，为偿付能力达标公司：

（1）核心偿付能力充足率不低于50%；

（2）综合偿付能力充足率不低于100%；

（3）风险综合评级在B类及以上。

不符合上述任意一项要求的，为偿付能力不达标公司。

银保监会要求每位客户在投保时，保险公司必须明确告知客户本公司上一季度的偿付能力充足率。

所以，我们关注保险的利润，不如关心保险公司的偿付能力。不过这点也不用我们太操心，有银保监会盯着呢，如果保险公司的偿付能力严重不足，银保监会可以对其实行接管。

偿付能力并不是越高越好，太高的话，证明资金使用率不高，影响股东收益和分红险的分红。太低又不符合监管要求。所以，大部分寿险公司会把偿付能力控制在100%～200%。

2. 万一破产——有人接手，有人兜底

一些保险销售人员抹黑香港的保险时，说香港是允许保险公司破产的，内地的保险公司不允许破产。

这种说法是完全错误的。内地也允许保险公司破产，我们需要关注的是万一人寿保险公司破产，消费者的保单权益怎么办？

《保险法》规定：必须有其他人寿保险公司接手，如果没有接收方，银保监会会强行指定。

《保险法》第92条规定：

经营有人寿保险业务的保险公司被依法撤销或者被依法宣告破产的，其持有的人寿保险合同及责任准备金，必须转让给其他经营有人寿保险业务的保险公司；不能同其他保险公司达成转让协议的，由国务院保险监督管理机构指定经营有人寿保险业务的保险公司接受转让。

转让或者由国务院保险监督管理机构指定接受转让前款规定的人寿保险合同及责任准备金的，应当维护被保险人、受益人的合法权益。

除此之外，保险公司收了保费后，必须拿出两笔钱：第一笔是作为责任准备金。目前国内保险行业责任准备金总规模过万亿元。第二笔是放入保险保障基金，在保险公司被撤销或破产时，向客户提供救济。

《保险保障基金管理办法》第16条规定：

有下列情形之一的，可以动用保险保障基金：

（1）保险公司被依法撤销或者依法实施破产，其清算财产不足以偿付保单利益的；

（2）中国保监会经商有关部门认定，保险公司存在重大风险，

可能严重危及社会公共利益和金融稳定的。

我们国家专门成立了一家国有企业来管理保险保障基金——中国保险保障基金有限责任公司（简称"保险保障基金"）。

2006年，新华保险的总裁关国亮非法挪用2亿元资金，保险保障基金入驻新华人寿，保监会成为新华人寿第一大股东，后来中央汇金入股后，保险保障基金才退出。保险保障基金最近的一次大规模使用，是2018年注资608亿元接管安邦人寿。

3. 风险再保——你中有我，我中有你

正如前文所说，保险公司收了保费后，不是独吞的，它必须拿出一部分放入责任准备金，再拿出一部分放入保险保障基金，此外还有一定比例要给到再保险公司，来转移风险。

所谓再保险公司，就是保险公司的保险公司。保险公司担心有些风险自己也兜不住，就找再保险公司分担风险。银保监会也规定，保险公司承担的风险超过一定限度，必须将风险分拆给再保险公司。

《保险法》第103条规定：

保险公司对每一危险单位，即对一次保险事故可能造成的最大损失范围所承担的责任，不得超过其实有资本金加公积金总和的10%；超过的部分应当办理再保险。

保险公司对危险单位的划分应当符合国务院保险监督管理机构的规定。

《保险法》第104条规定：

保险公司对危险单位的划分方法和巨灾风险安排方案，应当报国务院保险监督管理机构备案。

中国内地目前大约有190家保险公司，但是再保险公司只有14家。

所以，你投保的 A 公司产品、B 公司产品、C 公司产品，背后兜底的有可能是同一家再保险公司。

综上所述，作为消费者，如果考虑保障类保险，只要关心以下几个方面即可：

（1）东西好不好——保险产品本身的保障范围和价格；

（2）自己能不能投保——保险公司的核保规则；

（3）服务好不好——我们以后跟保险公司打交道时希望省心省力，万一理赔，能做到顺顺利利。

其余的，自有监管部门把关，不用消费者操心。如果保险公司有违规行为，甚至是潜在违规风险，银保监会处罚起来，也是绝不手软的。

第三节　不同险种如何选产品

做保障方案时，专业的保险顾问除了考虑客户的需求和偏好，还会根据不同的险种，挑选综合性价比好的方案。

1. 高额终身寿险

既有身故保障的功能，也可以作为财富定向传承的工具。如果消费者身体和财务状况符合保险公司的要求，可以随便根据自己的偏好来挑保险公司（挑的是保险公司的核保规则、增值服务）；否则，建议选择能争取到最佳核保结果的方案。

2. 定期寿险

定期寿险的保障内容和终身寿险一样——身故或全残，只是保障时间不一样。身故或全残属于低频出险的险种，因为年轻人在 60 岁之前身故是小概率事件。消费者选择方案时可以重点关注以下三点：

（1）价格，选便宜的；

（2）保险公司不赔的情况少一些，即免责条款少；

（3）健康核保宽松。

3. 医疗险

是用来报销医疗费用的保险，属于高频出险的险种，交一年保一年。医疗险的核保是所有险种里最严格的，投保前出现的疾病或指标异常都会除外。挑方案时，最需要关注的是保险公司的服务、保障范围和续保的稳定性。

4. 意外险

意外险里包含的意外医疗同样是高频出险的险种，所以保险公司服务的重要性高于价格。如果遇上服务差的公司，申请理赔的过程会比较波折。

5. 重疾险

出险频率介于医疗险和寿险，挑选时建议关注3点：

（1）产品的综合性价比；

（2）核保规则（有体况的情况下能否争取到最佳核保结果）；

（3）保险公司的服务。

有3个险种我们是要看重保险公司服务的——医疗险、意外险、重疾险。这3个险种也值得我们为保险公司的服务额外付费。例如，如果公司服务好，重疾险贵15%左右是可以考虑的，如果贵30%～40%，就太高了。

第二章

寿险：备份一个自己

第一节　身故是最大的人身风险

《论语》中有"未知生，焉知死"，意思是活的事情还没有弄清楚，哪有时间去研究死的事情。

这是孔子对待生死的态度，也是儒家基本的"生死观"。所以，中国人一般不愿意谈论死亡。

但是，"经济支柱"死亡的风险，是家庭最大的风险。

很多人一提保险，就想到重疾险。买保险时，第一考虑的也是重疾险。其实我们意识到重疾的风险，就应该会想到身故的风险。

因为重疾险里保障的疾病，都符合这样两个条件：①死亡概率高；②花费巨大。

例如，重疾险理赔发生率最高的癌症，中国癌症患者平均的五年生存率不足40%。也就是说，一大半的癌症患者在患病后五年内身故了。

轻度甲状腺癌是个特例，所以，2021年1月31日后的重疾险，就把轻度甲状腺癌作为轻症赔了。

1. 身故的风险，是任何一个家庭的不能承受之痛

大家想过要"备份一个自己"吗？

2018年，马斯克把猎鹰火箭送上太空，又回收成功。马斯克的海上火箭回收平台，写着"Of Course I Still Love You"。

马斯克自述，他探索让人类移居其他星球，不是看衰地球。

他说,"事实上,我对地球的未来还挺乐观的,我认为有 99% 的概率,人类还可以安居很长一段时间。"

"不过,就算地球只有 1% 的未来风险,也足以刺激我们提早准备,做好'星球备份'。"

马斯克想为人类做一个"星球备份",我们未必有这么远大的抱负,但至少得想想:怎么为家庭"备份一个自己"吧。

2. 怎么备份呢

当一个人不幸走得太早,给家人带来的情感上的创伤是难以弥补的,但是经济上,我们可以用寿险做一下备份。

寿险,是被保险人万一身故或全残,保险公司就把保额赔付给我们指定的受益人。

狭义的寿险,尤其是定期寿险,很长一段时间内,在我国保险市场上都是非常稀缺的。死了才赔,客户觉得晦气,保险公司也觉得不赚钱,一个不愿接受,一个不愿开发。

借助于朋友圈和众筹平台,大病带来的损失和痛苦很容易被看到。但是,身故发生后,亲人的痛和难,多少人能看得到呢?

人到中年,上有日渐年迈的父母,下有嗷嗷待哺的孩子,肩头还背负着沉重的房贷,一旦不幸去世,另一半遭受的打击有多大,家人未来的日子有多难,可想而知。

寿险最早起源于 1744 年,苏格兰教会的两个教士看到牧师们的遗孀和孤儿生活艰难,成立了一个基金保障他们的生活。他们建议教会的每一个牧师都将自己收入的一部分投入基金,由专门的人管理和投资。如果有牧师过世,遗孀就能从基金获利中分红。

1815 年,这个名为"苏格兰寡妇"(Scottish Widows)的基金正式以保险公司的形式成立。时至今日,苏格兰寡妇已经是全球最大的退休金和保险公司之一,总值超过 1 000 亿英镑,而且任何人都可以购买,不仅仅局限于苏格兰牧师。每六户英国家庭中,大约就有一户是苏格兰寡妇保险公司的客户。

但这家公司至今还在用一个头戴黑色轻纱的年轻寡妇形象来做公司的象征,如图 2-1 所示,让员工记住钱来之不易。

图 2-1 苏格兰寡妇官网

寿险的保额里,有一项是必须考虑的,那就是父母的赡养费。白发人送黑发人,是人生最大的痛苦之一。

魏则西患"滑膜肉瘤"晚期,在常规治疗手段无效的情况下,他通过百度搜索推广和央视报道注意到武警北京总队第二医院的"生物免疫疗法",宣传称可保"十年二十年没有问题"。但花了 20 多万元的医疗费后,魏则西的病情并未好转,年仅 22 岁去世。新闻报道中,他的父母抱着他的遗像,真是万念俱灰。

人生有一些生命中不能承受之痛。如果能提前做些安排,万一遭遇不幸,本该我们承担的经济责任,可以转由保险公司去承担。

五六年前,保险市场能选择的纯寿险屈指可数,免体检保额也很低,只有七八十万元。这几年纯寿险产品稍微多了一些。

如果是纯粹转移英年早逝带来的经济损失，可以选择保障定期的。

例如，选择交至 60 岁保障至 60 岁，300 万元的保额，30 岁的男性每年保费 3 000 元出头就可以；30 岁的女性一年保费不到 2 000 元。

寿险的保额，就是我们对家人承担的经济责任的总和，包括以下部分：

（1）家庭债务，例如，房贷、车贷等；

（2）孩子的抚养费，至孩子经济独立（通常是本科毕业）；

（3）父母的赡养费；

（4）家庭未来 10 年基本的生活费。

如果希望兼顾财富传承，或不接受消费型寿险的，又或者有对接信托等其他需求的，可以选择终身寿险。

第二节　定期寿险：不受待见，但很必要

1. 从一个悲伤的故事说起

我可以按时吃下一日三餐；

我可以边工作边兼职挣钱；

我可以在泪流满面的同时对网络另一端的人说："包邮哦，亲！"

我学会了交水电费；

我习惯了一个人走那段回家的路。

这是微博上一位女生的文字，她的丈夫在马航事件中下落不明。

在泪流满面的同时,仍然要对网络另一端的人说"包邮哦,亲!",用不能免俗的话来说:成年人的字典里没有"容易"二字。

2. 定期寿险有必要买吗

经常有一些人会感觉寿险没有什么必要,觉得还不如重疾险的保额高一些。事实真的如此吗?

无论是那些孤身一人出门在外打拼的年轻人,还是上有老下有小背着车贷房贷的中年人,从风险保障的角度来说,都要考虑买份定期寿险留给家人,尽本该我们尽的经济责任。

据统计,20～40岁的中国男性有14%左右的概率在65岁前去世,如表2-1所示。

表2-1 第三套生命周期表的早亡率

中国内地人口早亡率(65岁前去世)		
年龄	男性	女性
0岁	15.61%	7.68%
10岁	15.23%	7.42%
20岁	14.85%	7.21%
30岁	14.24%	6.92%
40岁	13.16%	6.46%
50岁	10.64%	5.36%
60岁	4.93%	2.65%

注:采用中国人身保险业经验生命表(2010—2013)非养老金CL1和CL2表。

配置了定期寿险的话,万一不幸身故或全残,家人至少在经济上不会陷入困顿。

从产品方面来说,定期寿险条款简单、价格便宜、保额高,保险的杠杆作用明显,是个充分体现"保险姓保"的险种。

结论很简单,基本上只有老人、孩子不需要定期寿险,因为他们对于家庭的经济责任要么已经完成,要么还未承担责任。其他但凡对家人有经济责任的,都建议"备份一个自己"。

3. 大公司不愿意推

上面说了定期寿险这么多好处和必要性,为什么在以前并不火呢?

因为传统的大保险公司不愿意推。

条款简单,意味着产品很容易同质化、竞争激烈;价格便宜,意味着保费规模上不去、考核指标完不成;国人又忌讳谈"死",谈活着领钱、谈分红多喜庆。

可是,风险是客观存在的,不因我们谈或不谈而影响概率。保险就是转移风险导致的经济损失的。

我们看一下平安保费前五名,无定期寿险,如表2-2所示。

表2-2 《平安人寿2020年度信息披露报告》

金额单位:人民币百万元

序号	保险产品名称	销售渠道	原保费收入	退保金
1	平安金瑞人生年金保险	个人代理、银行保险	20 285	346
2	平安财富金瑞(20)年金保险	个人代理、银行保险	16 473	147
3	平安金瑞人生(20)年金保险	个人代理、银行保险	15 331	118
4	平安平安福终身寿险	个人代理、银行保险	14 653	938
5	平安玺越人生(少儿版)年金保险(分红型)	个人代理、银行保险	13 866	171
合计			80 608	1 720

数据来源:平安保险官网。

再看看中国人寿保费前五名,也没有定期寿险,如表2-3所示。

表 2-3 《中国人寿 2020 年度信息披露报告》

金额单位：人民币百万元

产品名称	销售渠道	原保险保费收入	退保金
终身福寿增值保险	个人代理与公司直销	75	1
简易人身保险（87 版）	个人代理与公司直销	52	10
递增型终身年金保险	个人代理与公司直销	49	5
个人养老金保险（88 年后）	个人代理与公司直销	30	6
附加住院医疗保险（99 版）	个人代理与公司直销	25	—

数据来源：中国人寿保险官网。

直到这几年，传统大保险公司不愿意费劲推，但是对家庭很重要的定期寿险终于在线上火了。

为保险行业的进步鼓掌。

第三节 挑选定期寿险看 3 点

狭义的寿险，理赔条件完全一致：身故或全残即赔付保额，所以选择相对简单。挑选方案时，从以下几个方面考虑。

（1）看价格。因为理赔条件一致，所以同样的保额，哪个便宜选哪个。

（2）看免责条款。所谓免责条款就是保险公司不赔的情况，当然越少越好，常规是 7 条，如图 2-2 所示。

第七条 责任免除
因下列任何情形之一导致被保险人身故，本公司不承担给付保险金的责任：
一、投保人对被保险人的故意杀害、故意伤害；
二、被保险人故意犯罪或抗拒依法采取的刑事强制措施；
三、被保险人在本合同成立或合同效力最后恢复之日起二年内自杀，但被保险人自杀时为无民事行为能力人的除外；
四、被保险人服用、吸食或注射毒品；
五、被保险人酒后驾驶、无合法有效驾驶证驾驶或驾驶无有效行驶证的机动车；
六、战争、军事冲突、暴乱或武装叛乱；
七、核爆炸、核辐射或核污染。

图 2-2 定期寿险的免责条款 7 条

市场上最有利于客户的免责条款是 3 条,这 3 条是银保监会规定必须要有的 3 条,如图 2-3 所示。

2.1　责任免除　　因下列 1-3 项情形之一导致被保险人身故或身体全残的,本公司不承担给付保险金的责任:
1. 投保人对被保险人的故意杀害、故意伤害;
2. 被保险人故意犯罪或抗拒依法采取的刑事强制措施;
3. 被保险人自本合同成立或者合同效力恢复之日起二年内自杀,但自杀时为无民事行为能力人的除外。

图 2-3　定期寿险的免责条款 3 条

(3)看投保和核保规则。

例如,免体检保额、健康核保的要求、有没有问到被保人正在申请和已经生效的寿险累计保额,如图 2-4 所示。

请如实告知被保险人是否有以下情形之一:

1. 被保险人是否患有或曾经患有或已被告知有下列疾病:恶性肿瘤、脑血管疾病、心脏疾病心功能不到II级(含)以上、高血压(收缩压≥160 mmHg 或舒张压≥100 mmHg)、糖尿病、冠心病、心肌梗塞、呼吸衰竭、肺心病、肝硬化、慢性肾脏疾病、肾功能不全、再生障碍性贫血、癫痫、系统性红斑狼疮、白血病、精神疾病、智力障碍、阿尔兹海默氏病(老年痴呆或早老年痴呆症)、帕金森氏病、失明、瘫痪、先天性疾病、遗传性疾病;身体畸形或残疾;艾滋病患者或艾滋病毒携带者,曾经或正在吸毒?

2. 被保险人是否有危险嗜好或从事危险活动,如赛车、赛马、滑雪、攀岩、蹦极、潜水、跳水、拳击、武术、摔跤、探险或特技活动及其他高风险活动?

3. 被保险人过去两年内投保人寿保险或复效时是否被保险公司拒保、延期承保?

图 2-4　定期寿险的健康告知

有的定期寿险免体检保额很高,一线城市可以有 300 万~350 万元。有的公司健康询问里没有问到肺结节,那么对于有肺结节的消费者,这样的产品就是首选,如果选其他公司的定期寿险可能就不能投保了。

第三章
重疾险：重大疾病后的收入补偿

第一节　算笔账，重疾险其实很划算

30岁男性，身体健康，上养老下养小，年收入50万元，考虑投保重疾险。

如果他希望通过保险，转移重疾带来的经济损失，保额要覆盖以下两个方面：

（1）重疾导致的开销，例如营养护理的费用、异地求医的费用等，至少30万元；

（2）因为重疾导致3～5年无法工作，这3～5年的收入损失，至少150万元。

按保额180万元算，交20年，保障终身，选择市面上综合性价比高的重疾险产品，年交保费4万元左右。如果选了贵的，每年保费5万多元。

可是，每年要交4万元，还是肉疼！20年算下来，得80万元。

1. 这钱能省吗

能。

如果我们有180万元闲置资产，随时可以变现，要重疾险干吗？保险不是转移风险的唯一途径。

有人说，万一发生重疾，大不了卖一套房子。自住房之外的房产当然也可以抵御人身风险，前提是，我们想卖的时候随时能以理想的价格卖出去。不过，如果每年交4万元，我们觉得肉疼；真要到卖房看病的时候，更感觉肉疼。

2. 没有那么多资产的人怎么办呢

只能靠自己投资了。

每年投资 4 万元,连续投 20 年,我算了一下,不同的年复利,达到 180 万元需要多久:

- 年复利 2.75%——40 年
- 年复利 3.5%——34 年
- 年复利 7.2%——20 年

如果投资水平更高,不用等 20 年。

每年投 4 万元,年复利 10%,18 年后就有 180 万元了;年复利 13% 的话,时间会缩短到 16 年。

目前银行五年期的存款利率是 2.65%,假设未来不降息,每年存 4 万元,得坚持存 20 年,存完后这笔钱再放银行 20 年,才能达到 180 万元。当然,绝大部分人都相信自己的投资能力会连续长期超过 2.65%,真的吗?

关于这个问题,之前有过一次调查,具体投票结果如图 3-1 所示。

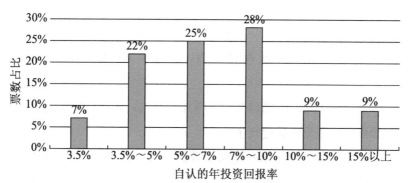

图 3-1 投资回报预期调查结果

提供三个数据供参考。

目前市面上,能做到30多年保本无风险收益的理财产品,年复利最高是3.5%左右。

根据一家美国研究机构的调查结果,1993—2013年这20年,标普500指数年化收益率是9.2%,但是公募基金投资者的平均年化收益率是2.5%多一点。

"股神"巴菲特早期投资回报率高,而2000年底至今20年左右,投资平均复合增长率降为8.5%。

这也非常好地警示了广大非专业投资者:尽管可能在某一段时间内获利颇丰,但长期来看,不要对自己的投资收益率有过大的预期。

3. 做到这两点,可以不买重疾险

不买重疾险,希望通过自行理财应对重疾风险的朋友,要做到以下两点:

(1)长期的、较高水准的投资回报率。能避开2007年、2014年的股灾,能火眼金睛绕开乐视,做到连续18年,年复利10%;或者连续16年,年复利13%。

而年复利13%,这基本超越了巴菲特最近20年的平均水平。

(2)在这16年或者18年内,必须和重疾绝缘。这一点非常重要。

如果说,第一点通过努力,再加上运气,还有可能达到的话,第二点就完全只能凭运气了。

而重疾险自交出第一笔保费开始,只要过了等待期(通常为90天或180天),180万元的保额就在那里了,充分利用了杠杆的作用。

更何况，现在的重疾险不仅保障重疾，还保障轻症，万一发生轻症，额外赔 30% 保额，后续没交的保费也不用交了，合同继续有效。

所以，总结一下：

如果我们目前的资产足以应对任何人身风险，并且可以随时出让，不用考虑重疾险；

如果我们投资能做到连续 18 年，年复利 10%，并且保证这 18 年内和重疾绝缘，也不用考虑重疾险。

做不到这两点，我们最好还是把风险转移给保险公司。

第二节　重疾险不是为了有钱看病

很多人来咨询重疾险时，都认为重疾险是用来治病的。这是很大的误区。医疗险才是用于覆盖医疗支出的。

打个比喻来区分医疗险和重疾险的作用，如果说遭遇疾病是一场灾难的话，医疗险起到赈灾的作用，而重疾险是用于灾后重建的。

重疾险有一个非常重要却被大家忽视的作用——收入补偿。

1. 重疾险的起源

重疾险发明之初，就不是为了覆盖医疗费用的。

20 世纪时，精通心脏手术的南非医生马里优斯·巴纳德（Marius Barnard），遇到了两位让他印象深刻的病人。

一位得了肺癌的母亲，曾在他那里做过手术，原本她可以活得更久一点，但因为要养家糊口，给孩子生活费，要付房租，不得不在患病后继续工作，结果加速了病情恶化，两年后不幸去世。

另一位男士，罹患心脏病，做了心脏移植术后得以存活，但医生却接收到他来自经济上的诸多抱怨。这位男士没有办法恢复工作，消费却在增加，要轮椅，要安装辅助设施，还要服药，因此逐渐失去了房子，失去了骄傲和自尊。

巴纳德医生说，他还能举出上百个这样的例子，这让他陷入沉思：医生可以在身体上医治病人，但是如果病人在财务上"死"了，医生之前的工作会前功尽弃。于是，他发明了重疾险。

2."因病致贫"的真正含义

"因病致贫"是很多患者家庭的噩梦，但却鲜有人了解它真正的含义。

一个"经济支柱"罹患了大病，让家庭陷入困境的，不仅是巨额的医疗费，还有因为治病、康复而导致的收入中断。

重疾的治疗费用，容易被看见。医疗费用压垮家庭的报道常见于诸媒体，众筹平台的患者为了自我证明，对医疗费用一一展示，也让人有很直观的体会。至于患者收入的断流，以及家庭背后其他的开支，很容易被忽略。

其实对于大多数家庭来说，"经济支柱"收入中断导致的后果，不难理解。经济来源断掉后，父母的生活费、小孩的学费、房贷等开支如期而至，更是让人如临深渊。

3. 两个家庭的不同命运

有一对夫妻，孩子得了白血病，为了陪孩子，夫妻俩几乎失去收入，唯一的来源是妻子的被动收入。当时小孩的治疗和康复，前后花了6年多，他得病之初刚好在读四年级，等治好后已经是高一了，耽误不起学习，但白血病患者对环境的要求特别高，人多的地方容易受感染，只能请老师来一对一补课。补课的费用并不菲，就以某知名教辅机构为例，2个小时800元。除此之外，他们还要付房租，因为在医院旁边租了房子，便于照顾小孩。

几年下来，加上医疗费用，花了100多万。所幸的是他们早早地就给孩子买了保险，因此只自费了十来万。

同样是得癌症，《医学界》报道的另一个家庭就没有那么幸运了。

40多岁的王先生，是家里唯一的经济支柱，和妻子离异多年，孩子由自己照顾，还在上学，还有一位年迈的母亲要赡养，得了喉癌以后，他不能正常工作，收入被迫中断，仅靠母亲微薄的退休金支撑。

得癌症的4年里，他长期忍受折磨，直到有一天，他的肿瘤影响了气道通畅，医生建议切开气管，不过这也意味着以后无法再讲话进食，王先生主动放弃了手术，然后在一个深夜里，爬上窗户，纵身一跃，消失在黑暗中。

他的母亲知道后，声嘶力竭地控诉医生没有照顾好她的孩子，可是只有我们清楚，病痛的折磨和愈加繁重的经济负担，已经让他没有活下去的勇气了。

随着医疗技术的进步，许多大病都能得到治疗，哪怕无法根治，也有机会撑很长一段时间。但有一个残酷的现实是，很多人虽然活了下来，却在财务上陷入了绝境。

很多家庭在治病期间，因为医疗费用背上沉重的债务，再加上失去部分或全部收入，无法再维持原来的生活水平；而一些侥幸存活下来的人，因为身体无法再同往日相比，工作的收入也大大下降，甚至根本无法工作。

对于任何工薪家庭来说，大病都是一座难以翻越的大山。

4. 重疾险与医疗险的区别

重疾险是给付型保险，它不同于医疗险。

医疗险只报销医疗费用，除此之外不会多给，重疾险是只要达到理赔条件，保险公司就一次性赔付保额，买多少，就赔多少。比如，投保 100 万元保额，万一出险就一次性赔 100 万元。至于这笔钱赔下来后怎么使用，保险公司管不了。

这笔钱可以用来支付患者因病导致的经济损失，比如医保外的开销、康复费用、异地交通费等，还可以还房贷、请护工、给孩子交学费等。

经济支柱的坍塌，对所有家庭而言，都是一场灾难，重疾险的赔偿不能让人彻底治愈，却可以帮助他们度过最艰难的日子。

考虑到重疾带来的各种费用，以及患者本人因此中断的若干年收入，重疾险的保额不能太低，建议额度：30 万元 + 三五年的收入。

这里提醒一点，重疾险是可以买多份的，只要达到合同约定的理赔条件，都会赔。例如，小明买了两份重疾险，A 公司重疾险保额买 100 万元，B 公司重疾险保额也买 100 万元，保障期间不幸罹患癌症，两家保险公司会累计赔付 200 万元。

第三节　有了医疗险，是否还需要重疾险

2016 年以来，市面上涌现出了很多非常便宜的医疗险。

30 岁左右的人，每年保费 300 元左右，年报销额度有 100 万～300 万元，很吸引人。相比较而言，同样的年龄投保重疾险的话，100 万元的保额，即使选择综合性价比较高的产品，保费差不多也要每年 2 万多元。

医疗险 VS 重疾险，怎么取舍？

这是个难题。回答这个问题前，我们先明确一下这两个险种对我们而言，能起到什么作用。

1. 功能 PK

大部分人都有医保，但医保有报销范围限制，大量的药品、医疗器械、检查手段不在报销范围内。即使在医保药品目录上的药，也不是全额报销，例如乙类药需个人自付 20%～30% 后，剩余部分按医保比例报销。

中国人社部公布的《国家基本医疗保险、工伤保险和生育保险药品目录（2020 年版）》中有 2800 种药，而目前批准可销售的药品有 20 万种左右，医保内用药占 1.4%。

生病住院，医保能报销的在 50% 左右，如果用的医保外药品多些，需要自担的医疗费会大大超过上述比例。

很多重疾患者，出院才是大额医疗开销的开始。例如，癌症常见的治疗方式是，先手术切除，出院后继续放疗、化疗，或者服用靶向药物。癌症的靶向药物，每月药费少则一两万元，多则五六万元。

例如，中国每年新发癌症病人超 350 万人，其中 80 万左右是肺癌。在肺癌中，非小细胞肺癌占 85%，泰瑞沙被称为针对非小细胞肺癌的抗癌神药，每月的药费是 5.1 万元。幸好中华慈善总会有援助，自费买 4 个月，申请援助 8 个月的药。即便如此，每年光这一种药的费用超过 20 万元。控制副反应的治疗和药费另算。中国目前在售的抗癌药物有 138 种，大部分不在医保报销范围内。

真贵！好多人的第一反应是，不治了。但是，自己真要是到那一步的话，可以说不治就不治了？如果是我们的家人呢，难道也不治了？很多时候熬过这个坎儿，情况又不一样。例如，治疗乳腺癌的靶向药赫赛汀，原本每个月的药费是2万多元，进入医保后，价格降为7 600元一个月，压力大减。

由此我们看到，如果病人有经济能力等到这些药进入医保，人生结局可能完全不一样。而这几年，新的抗癌药、治疗手段不断涌现。这个药效果不好了，还有二线药物备选，说不准有新的药物或治疗方式出现，这一疾病就彻底治愈了。

活着，才有希望，才有无限可能。

医疗险是报销型的，用于覆盖医保外的医疗费用。重疾险是给付型，一旦达到理赔条件，即按保单赔付保额，至于怎么用，保险公司不管。所以，重疾险的作用，更主要的是补充重大疾病导致的收入损失。

有哪些收入损失呢？

（1）本人的收入。《劳动法》第26条、《劳动合同法》第40条都有类似的规定：如果劳动者患病或非因工负伤，医疗期满后，如果不能胜任原工作或用人单位另行安排的工作，用人单位可以解除劳动合同。

医疗期有多长？如表3-1所示。

表3-1 医疗期限的规定

实际参加工作年限	本单位工作年限	医疗期	累积病休时间
10年以下	5年以下	3个月	按6个月内累计
	5年以上	6个月	按12个月内累计

续表

实际参加工作年限	本单位工作年限	医疗期	累积病休时间
10 年以上	5 年以下	6 个月	按 12 个月内累计
	5 年以上 10 年以下	9 个月	按 15 个月内累计
	10 年以上 15 年以下	12 个月	按 18 个月内累计
	15 年以上 20 年以下	18 个月	按 24 个月内累计
	20 年以上	24 个月	按 30 个月内累计

资料来源：《企业职工患病或非因工负伤医疗期的规定》。

医疗期内，用人单位给员工发放薪资的 60%。医疗期满后，一旦解除合同，不仅当事人收入断流，更为雪上加霜的是，医保也中断了。而一旦医保中断，普通医疗险能报销的比例就不是 100%，而是 60% 了（这也是我为什么一再建议医疗险至少要选择中端医疗险）。所谓"屋漏偏逢连夜雨"，大抵就是这样。媒体之前报道的华为、德勤员工患重疾后遭辞退事件，引发很多人声讨。其实，用人单位此举，确实有法可依。

（2）夫妻一方患重疾，配偶的收入大概率也要受影响。现在都市家庭，夫妻两人疲于工作，老人或保姆帮忙照顾小孩，尚且能正常运转，一旦有人生病了，平衡一下子就被打破了。要么配偶辞职，要么雇护工照顾病人，都会进一步加重家庭经济压力，如图 3-2 所示。

一方面是收入减少或断流，另一方面是房贷、生活和孩子的开销照旧，甚至大幅增加，这些损失都建议通过重疾险来弥补。

以上是从功能上说，两者作用完全不一样。

图 3-2　重疾损失冰山

2. 保障时间 PK

从可持续性上讲,医疗险和重疾险差别非常大。

2018 年 4 月,天津保监局针对目前的"百万医疗险"发了一纸通文,全文如下,值得逐字逐句细读。

一是在销售环节,阐明产品属性。必须向投保人明示产品本质是短期医疗险,保险期间为 1 年,厘清"连续投保"和"保证续保"的区别,提示不可抗辩条款适用规则;必须明示产品存在停售或升级换代等"类停售"风险,可能导致全部或发生过赔付的投保人不能连续投保。

二是在核赔环节,明确核赔细则。通过内涵描述及外延列举等方式,对理赔依据的"近因原则"给予全面具体界定,增加制式规则,减少人工核议,最大限度减少理赔灰色地带。

三是在理赔环节,提高专业能力。做好落地服务,配足专业人员,提高查勘全面性和精准度,做到应调尽调、应赔尽赔、杜绝滥赔,既要维护被保险人的合法权利,又要避免骗保骗赔。

这两年很多互联网巨头进军保险行业，都是从医疗险切入的。一方面，因病返穷是很多人担心的问题，客户普遍有需求；另一方面，医疗险是一年期的短期产品，随时可以停售，保险公司随时可以止损。

互联网时代，流量为王，有了庞大的用户基数，才有后期的可能。所以，微信也罢，支付宝也罢，新兴或传统的保险公司也好，都借助于"百万医疗险"获取了大量的用户资料。

医疗险交一年保一年，它最大的问题就是天津保监局所说的第一条：续保问题。同样是一年期消费型的产品，为什么续保问题对于意外险不重要，而对于医疗险就至关重要呢？因为意外险基本不需要健康核保，而医疗险的健康核保严格，既往症基本都会除外（极少数高端医疗险可以有条件承保既往症）。续保问题，是目前绝大部分商业医疗险的软肋。

我们先厘清几个概念：

（1）可续保：客户可以续保，但是产品如果停售，就没辙了；

（2）保证续保：客户只要投保了，就保证可以一直续保，即使产品停售，原有客户也可以续保，但是保险公司有调整费率的权利；

（3）既定费率下的保证续保：保险公司既不能调整保费费率，又必须保证已投保客户终身续保。

这三种情况，对于保险公司而言，定价成本是完全不一样的。而很多百万医疗险都是笼统地说"可续保至 × 岁"，揣着明白装糊涂似的不提示停售风险。

2021 年，银保监会要求医疗险明确在条款写明是一年期的。

保险公司，不管是国有还是私营、合资，终究不是慈善机构，如果一款产品带给公司的是连年亏损，而且亏损逐年增加（一个人的年龄越大，医疗险出险概率越高），大家觉得保险公司会怎么处理？

要么在产品设计时，就不保证续保——随时停售，止损。

要么保证续保，但是保留调整费率的权利——"羊毛出在羊身上"，保险公司保留合理的利润就行。如果保费高到客户无法承受，自然也就不续保了。

至今还没有哪一家保险公司的医疗险，既保证终身续保，又保证费率不变的。目前最长保证续保医疗险是保证20年，但保险公司可以调整保费。如果一个青壮年投保，20年后，50岁左右，医疗险到期重新续保，需要重新健康核保。50岁的身体，大部分人难以正常承保了。

想要"低成本、广覆盖"地解决广大人民的医疗费用问题，这不是哪一家公司能做到的事情。这是国家层面才有可能解决的事儿。美国近百年来，几乎历任总统竞选，医疗保障问题都是影响选票的重要因素。

奥巴马的医改法案（即《平价医疗法案》），希望为美国全民提供"可以负担得起"的医疗保险，不容许保险公司因疾病等借口对被保险人拒保，或擅自增加保费，仅仅推行两年，就被美国国会众议院投票取消了。其中的难度，大家可以想象。

而选择终身重疾险的话，过了等待期，就终身有相应的保障了。所以，从可持续性上来讲，如果觉得有了医疗险，就不用重疾险，不仅希望会落空，而且还可能因为年龄增加、身体状况逐年走下坡路，而原有医疗险停售后，就失去投保重疾险的时机。

所以，不管是从功能，还是从保障时间上来看，医疗险和重疾险都要投保。两者相结合，才能转嫁大病带来的经济损失。

第四节　拆解主流重疾险的"套路"

这一节，我们一起拆解重疾险的"套路"。

此"套路"非彼套路，而是像混沌研习社李善友教授所说的：

人们掌握的知识和技能，绝非是零散的信息和随意的动作，它们大多具有某种"结构"，这些结构就是"套路"。

一、重疾险的3大基本结构

重疾险的基本"套路"有三种，如图3-3所示。

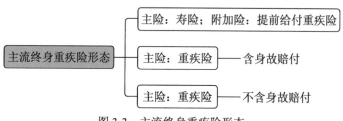

图 3-3　主流终身重疾险形态

这里每一种举一个例子。

第一种结构，主险是终身寿险，附加提前给付的重疾险，以及其他一些附加险，例如轻症额外赔付、轻症豁免、投保人豁免、癌症多次赔付等。以中意人寿的"一生保"为例，如图3-4所示。

主险是一个终身寿险，附加重大疾病保险、轻症保险、意外险等。这种结构的好处是，客户可以自由选择附加险。但有的保险产品也会强制绑定一个必选项目，例如绑定长期意外险，强制消费。需要说明的是，附加的重疾险是提前给付型，就是说附加的重疾险本身是没有保额的,是占用主险寿险的保额,只是在被保险人发生重疾时,把本应是身故时赔付的钱提前赔给客户。

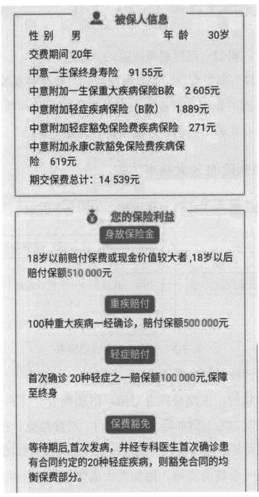

图 3-4　中意人寿的"一生保"责任简介

第二种结构,把上面的主险、附加险"捏合"在一起,在外在形式上,客户从产品名称看不出保障内容,但是看条款,本质上是一样的。

以同方全球人寿的"康健一生（多倍保）"为例，如图3-5所示。

30岁的王女士投保同方全球康健一生（多倍保）保障计划，计划如下：

被保险人	险种名称	保险金额	保险期限	交费期间	年交保费
王女士	康健一生（多倍保）终身重大疾病保险	100万元	终身	20年	20700元

期交保费：20700元/年

情形一：
若王女士在35岁时不幸轻微脑中风（轻症），公司给付轻症保险金20万元，轻症责任继续有效（A、C组），剩余年期续保费豁免。

情形二：
若王女士在40岁时突发急性心肌梗死（重疾），则公司给付100万元重大疾病保险金，重大疾病保险责任继续有效（A、B、D组）；

情形三：
若王女士在59岁时不幸罹患胃部恶性肿瘤（重疾），则公司给付100万元重大疾病保险金，重大疾病保险责任继续有效（B、D组）；

情形四：
若王女士在80岁时身故，则合同终止。

共计220万元

图 3-5 同方全球人寿的"康健一生（多倍保）"

上面两种形式的重疾险，都是有身故赔付的。如果一个人一辈子，没有发生重疾就去世了，都可以赔付保额。

第三种结构，是近年互联网重疾险产品常用的结构，没有身故保障，只有重疾保障。如果一个人一辈子，没有发生重疾就去世了，这类产品没有赔付。

以上3种是重疾险最基础的结构。在此基础上，不同的保险公司会做一些不同的加法。

目前保障最多的重疾险结构，如图3-6所示。

还有不少重疾险附加恶性肿瘤二次赔付、特定心脑血管疾病二次赔付，由消费者自己选择要不要附加。

我们将一一拆解分析。

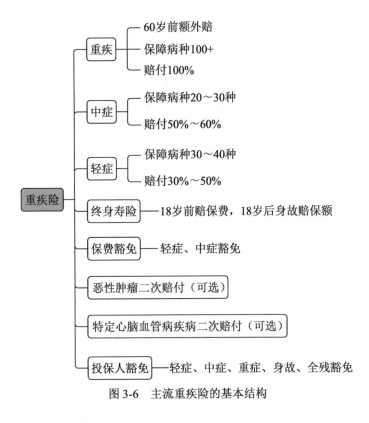

图 3-6 主流重疾险的基本结构

二、重疾险的六大套路拆解

重疾险最重要的就是重疾的部分，我们先说重疾的种类和理赔条件。

中国从 20 世纪 90 年代开始有重疾险，最初的重疾险只保障 10 种重疾，后来逐渐增加，现在的重疾险保障的病种动辄有 50 种、80 种、100 种。

1. 套路 1：疾病数量

我们看一下保险行业协会统一定义的 28 种重疾，其中前 7 种是最高发的,如图 3-7 所示。

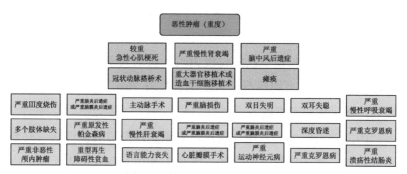

图 3-7 统一定义的 28 种重疾

我们再看一下重疾险理赔的统计数据,如图 3-8 所示。

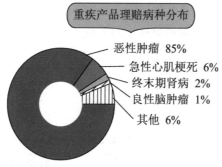

图 3-8 同方全球 2020 年理赔报告

所以,重疾险保障的病种多少,要看价格,如果价格差不多,病种当然越多越好。

但是,如果保费贵好多,其实没有太大的必要。因为 50 种也好,100 种也好,高发的都涵盖了,其他像疯牛病、象皮病,遇到的概率太低了。

讲完病种和理赔条件,就是赔付次数了,目前有:单次赔付、分组多次赔、不分组多次赔付。

2. 套路2：多次赔付

从产品上说，能多次赔的肯定比只赔一次的好，关键还是价格。

如果多次赔付比单次赔付贵30%，我劝大家就不要考虑了，还不如用这贵出来的保费把首次保额提升30%。但如果只贵8%左右，还是值得考虑的。

因为随着医疗的进步，现在很多重疾逐渐成为慢性病，只要治疗得当，是可以长期生存的，术后长期生存率和常人无异，将来如果发生心梗、脑中风或老年痴呆，能再赔付一次，也挺好的。有的癌症，长期带癌生存的情况也是很多的。

需要注意的是，多次赔付的重疾险，疾病分几组、怎么分组，大有讲究，直接关系到理赔概率的高低。

3. 套路3：轻症

所谓轻症，就是重疾的早期阶段，我们看一下重疾险中10种必保的重疾对应的轻症，如表3-2所示。

表3-2 高发轻症和对应重疾

高发轻症	对应重疾
极早期恶性肿瘤或恶性病变	恶性肿瘤——重度
不典型急性心肌梗死	较重急性心肌梗死
轻度脑中风	严重脑中风后遗症
冠状动脉介入术	冠状动脉搭桥术（或称冠状动脉旁路移植术）
心脏瓣膜介入术（非开胸）	心脏瓣膜手术
主动脉内手术（非开胸）	主动脉手术
视力严重受损	双目失明
较小面积Ⅲ度烧伤（10%～20%）	严重Ⅲ度烧伤

续表

高发轻症	对应重疾
脑垂体瘤、脑囊肿、脑动脉瘤及脑血管瘤	严重非恶性颅内肿瘤
慢性肾功能障碍	严重慢性肾衰竭

以及轻症理赔的统计，如图3-9所示。

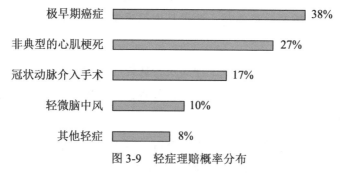

图3-9 轻症理赔概率分布

数据来源：中国保监会发布的《中国人身保险业重大疾病经验发生率表（2006—2010）》。

有了轻症，重疾险的理赔门槛大大降低。

例如，严重的心肌梗死，以往需要做冠状动脉搭桥才能申请重疾赔付，定义如图3-10所示。

（五）冠状动脉搭桥术（或称冠状动脉旁路移植术）
指为治疗严重的冠心病，已经实施了切开心包进行的冠状动脉血管旁路移植的手术。
所有未切开心包的冠状动脉介入治疗不在保障范围内。

图3-10 冠状动脉搭桥术定义

但如果是不严重的心梗，做微创手术放支架就行了，轻症就能赔付，如图3-11所示。

五、微创冠状动脉搭桥术
指确实透过微型的胸壁锁孔（于肋骨之间开一个细小的切口），进行非体外循环下的冠状动脉搭桥手术，以矫正一条或以上冠状动脉狭窄或闭塞。微创进行直接的冠状动脉搭桥手术亦可称"锁孔"式冠状动脉手术。有关程序为医疗所需及由本公司认可的心脏专科医生进行。

图 3-11 微创冠状动脉搭桥术定义

大部分的重疾险都规定，轻症、中症和重疾的理赔互不影响，假如先得了轻症，后来发展成中症，再发展成重疾，可以拿到 3 次赔偿。但需要注意的是，如果是先得重疾，那么轻症和中症往往是赔不了的。

轻症不像重疾，除了 3 种高发轻症外，监管并没有对轻症进行统一的定义，而是由保险公司自行规定，所以我们需要留意他们是否有保到高发轻症。

我们不能光看数字，就说哪家好，要看具体内容。例如，某款重疾险，虽然只保障 10 种轻症，但是最高发的几种轻症都没少。而有的重疾险，虽然轻症有二三十种，但却少了非典型的急性心肌梗死。我们能说后者比前者好吗？

好消息是，中国保险行业协会和医师协会推出的重疾新定义规范，在 2021 年 2 月 1 日完全落地，之后上线的重疾险产品必定包含轻度恶性肿瘤、较轻急性心肌梗死、轻度脑中风后遗症三项。

轻症的保障时间也很重要，目前在售的带有轻症保障的重疾险，绝大部分是保障终身，但个别产品会例外，只保障至 75 岁。

轻、中症的赔付比例也值得关注。比如，50 万元保额，轻症赔付 30%，那就是赔 15 万元。

赔付比越高越好。常见的轻症赔付比例是 30% 以上，中症是 50%。

此外，轻症的赔付次数、是否分组，都是评价一款产品的考量点。

不过，轻症赔付的条件、比例，比赔付次数更重要。

4. 套路 4：中症

2018 年，重疾险市场出现了带"中症"赔付的产品。中症其实是保险公司把原来轻症的病种，选择一部分出来作为中症，提高赔付比例。一般轻症的赔付比例是 20%～45%，中症的赔付比例是 50%～60%。

请注意，内地重疾险的轻症和中症，都是额外赔付。所谓额外赔付，是指赔付了轻症或中症后，将来发生重疾或身故，还是赔付保额。

作为对比的，是香港的重疾险，轻症赔付之前一直是占用保额的，即将来发生重疾或身故，赔付的钱要扣除之前赔轻症的钱。从 2018 年开始，香港友邦、保诚等公司，逐渐开始了"还原保障"，即 75 岁前，赔付轻症一年后，如果发生重疾，可以赔付保额。

内地重疾险轻症和中症发生后可以豁免保费，这也是相对于香港重疾险的优势。所谓豁免保费是指如果发生轻症或中症赔付后，后续保费不用再交，合同继续有效。

5. 套路 5：特定疾病额外多次给付

比较有代表性的是癌症的二次赔付，如图 3-12 所示。

如果一个人发生癌症，3 年后不论是转移、复发、带癌生存，还是发生其他癌症，这款重疾险都可以额外赔付一次保额。

2.7.7	恶性肿瘤扩展保险金（可选责任）	本合同恶性肿瘤扩展保险金包括 "第二次恶性肿瘤保险金""第三次恶性肿瘤保险金"两项。
	第二次恶性肿瘤保险金	被保险人在本公司认可的医疗机构内被专科医生初次确诊本合同所定义的重大疾病中的"恶性肿瘤"，且针对该疾病我们已经按约定给付重大疾病保险金后，再次患本合同所定义的"恶性肿瘤"（无论一种或多种）并在本公司认可的医疗机构内被专科医生再次确诊，我们按本合同基本保险金额的150%给付第二次恶性肿瘤保险金，**本项保险责任终止**。

> 第二次确诊恶性肿瘤疾病的确诊日须距重大疾病保险金对应的恶性肿瘤疾病确诊之日起已满三年，且需满足以下条件之一：
> （1）与初次确诊的恶性肿瘤属于不同的病理学及组织学类型；
> （2）为初次确诊的恶性肿瘤的复发、转移或扩散；
> （3）初次确诊的恶性肿瘤仍持续。

图 3-12 恶性肿瘤二次赔付定义

有的产品也可以癌症二次赔付，但是条件苛刻，我们看这两者的条款区别，如图 3-13 所示。

恶性肿瘤二次给付关爱金	被保险人确诊初次发生本合同所指的重大疾病中的 "恶性肿瘤"且本公司按约定给付重大疾病保险金后，第二次由本公司认可医院的专科医生确诊发生本合同所指的重大疾病中的 "恶性肿瘤"，本公司按基本保险金额的100%给付恶性肿瘤二次给付关爱金，该项保险责任终止，本合同继续有效。

> 第二次确诊的恶性肿瘤须距初次确诊的恶性肿瘤已满5年，并且还需满足以下条件之一：
> （1）与初次确诊的恶性肿瘤属于不同的病理学及组织学类型；
> （2）为初次确诊的恶性肿瘤的复发或扩散，并且在复发或扩散之前，初次确诊的<u>恶性肿瘤已达到临床完全缓解</u>。所谓临床完全缓解是指经物理检查、实验室检查、<u>影像学检查</u>等证实初次确诊恶性肿瘤病灶已消失。在此情况下，理赔时需提供本公司认可医院的专科医生开具的医疗证明及相应的影像检查和/或实验室检查的证据。

图 3-13 较严格的恶性肿瘤二次赔付定义

癌症的二次赔付是中国香港重疾险首创的，开始是香港友邦"加裕倍安保加强版"，客户首次发生癌症后，如果间隔三年再次被诊断为癌症，可以再次获赔80%的保额。

香港宏利的"活耀人生"把额外赔付扩充至癌症、心脏病和中风，赔付比例从80%提升到100%。香港富通的"守护168"重疾险随之跟进。

2019年内地中英人寿推出的"至尊守护"重疾险,直接对标香港重疾险,客户在85岁前,除了有癌症的多次赔付外,还有急性心梗、心脏瓣膜手术等5种重疾的额外赔付。

6. 套路6:投保人豁免

最后,介绍一下重疾险附加的投保人豁免。这也是内地保单的优势,万一投保人发生轻症、重疾或身故,被保险人后续的保费不用再交,合同继续有效。

香港也有投保人豁免,但基本是父母为未成年子女投保才有,且仅投保人身故或全残才能豁免保费。不像内地,夫妻投保可以豁免,父母为子女投保也可以附加投保人豁免。

重疾险结构的拆解,就讲到这里,林林总总,还是很复杂的,消费者搞清楚这些需要一定的时间。搞清楚这些后,就可以为自己选择产品了吗?

不一定的。

因为我们选择的时候还涉及产品背后的核保规则,身体健康时可以自由挑保险公司,如果身体指标有异常影响核保结果了,可以根据不同保险公司之间的核保差异,争取最佳的核保结果。详见"健康核保"章节的内容。

第五节　多次赔付的重疾险是否必要

患了癌症的人还可以买重疾险吗?很遗憾,几乎不可能。

保险公司为了控制风险,肯定会严格控制患过重疾的人投保重疾险,这个问题似乎无解。但聪明的保险公司其实已经发现了客户这一需求,另辟蹊径设计出了一种解决方案。这便是"多次赔付重疾险"。

什么是多次赔付重疾险？说白了，就是可以赔几次的重疾。

但需要注意的是，如果只是轻症多次赔付，不能称之为多次赔付的重疾险，只有重疾能多次赔付的才算，如图3-14所示。

> 本合同所列的**重大疾病**[见10.13]分为A、B、C、D、E、F六组，具体分组信息请见**重大疾病分组**[见10.16]。每组重大疾病保险金的给付次数以一次为限，给付后该组重大疾病的保险责任终止。本合同重大疾病保险金的累计给付次数以六次为限，当累计给付达到六次时，本合同终止。若被保险人因同一疾病原因、同次医疗行为或同次意外伤害事故导致初次患本合同所列的两种或两种以上重大疾病，我们仅按一种重大疾病给付重大疾病保险金。

图3-14　某款多次重疾险条款

重疾多次赔付有无必要？在经济许可的情况下，尽量选择多次赔付重疾险。

1. 两个真实的故事

第一个故事来自一名叫吾恩的网络歌手。遗憾的是，这里提起他并不是因为他的歌曲，而是因为癌症。

2019年8月，35岁的吾恩感觉左下肋有隐约的疼痛，但也没太在意，就多次以胃炎为由去医院，11月他决定做一次胃镜检查，却被告知得了"皮革胃"。

一查资料，是癌症，瞬间万念俱灰，之后复查的结果更是不尽如人意。

他本身没有癌症家族史，平时也很注意养生，谁能想到会罹患癌症呢？好在吾恩并没有屈服命运的安排，反而很积极地配合治疗，并且经常在微博上分享自己的治疗过程。

第二个故事，还是和癌症有关。

谈起癌症，你的第一印象是什么，是不是不治之症？

关于治疗癌症的手段，我们听得比较多的是放化疗，可能有些人还知道靶向药,但是这些技术并不能完全根除癌细胞。哪怕是靶向药,一旦停止,癌细胞就会卷土重来。

现在有一种免疫疗法,成功地让一位美国小女孩体内的癌细胞消失了 9 年。

当时这个女孩确诊了白血病,治疗一年半后复发了,医生说已经无能为力,女孩的父母听完非常绝望。

但天无绝人之路。当时费城医院和美国癌症中心展开了一项针对血液肿瘤的临床试验,女孩的父母不想放弃,于是抓住了这次机会,最后奇迹真的出现了,女孩体内的癌细胞完全被清除干净,直到现在也没有复发。

女孩接受的治疗方法叫 CAR-T 免疫疗法。人体内的 T 细胞可以识别有问题的细胞并且进行清除,但癌细胞偏偏能逃过 T 细胞的攻击,免疫疗法就是通过对 T 细胞进行基因改造,激活人体免疫系统,杀死癌细胞。

这两个故事告诉我们什么呢?

(1)年轻人也会得重病;

(2)医疗技术一直在进步。

2. 买多次赔付,挺有必要的

很多人认为只有老人才会得重疾,这个观念其实大错特错,年轻人得重疾一点都不稀奇。

吾恩,35 岁确诊癌症,一检查就是癌症晚期;羽毛球运动员李宗伟 37 岁得鼻咽癌;姚贝娜 34 岁乳腺癌去世……

近年来保险公司的理赔报告也在透露,年轻人是重疾险理赔的主要人群。

华夏保险 2019 年的理赔报告显示,19～40 岁人群的理赔占所有重疾理赔的 27.1%。

太平保险的报告显示，平均 100 个理赔重疾的人里，有 30 个是 18～40 岁的人。

中国人保 19～40 岁人群的重疾理赔占比是 22.74%。

重疾有年轻化的趋势。

从 2000—2014 年中国癌症发病率的走势可以看到，39 岁以下的人发病率在逐年增加，尤其是女性，如图 3-15 所示。

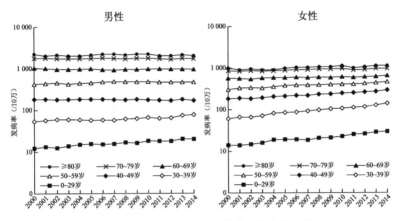

图 3-15　2000—2014 年中国癌症发病率走势

资料来源：《2000—2014 年中国肿瘤登记地区癌症发病趋势及年龄变化分析》。

以前人们得了重病为什么死亡率很高？医疗水平不行，所以也就没法撑太久。但是现在我们会发现，医疗技术发展非常快，人类寿命的杀手——癌症，可能会逐渐成为慢性病。

这意味着什么呢？

一个人即使得了重疾，也有机会活很久。

如果我们有一份多次赔付重疾险，就不用担心得过一次重疾以后失去保障。

很多人心存侥幸，认为没有机会得第二次重疾，但万一命运真的让自己抓到那张烂牌呢？

2017年，一位张先生不幸得了尿毒症，两年后又发生了双目失明，尿毒症和双目失明都属于重疾险的保障病种范围，他当初买的多次赔付重疾险，两次都赔下来了，他还专门委托家人给保险公司送了一面锦旗。

另外，有一些重疾是意外导致的伤害，比如双目失明、多个肢体缺失，严重Ⅲ度烧伤等。没有数据证明一个人得了疾病以后就不会发生意外。

3. 选择多次赔付重疾险需要考虑的维度

除了遵循一般重疾险的购买原则外，在选择多次赔付重疾险时，还应注意以下这几点：

1）多次赔付重疾分组的数量

首先说一说什么是重疾分组，以某款保险的重疾分组情况为例，如表3-3所示。

表3-3 重疾分组

B组重大疾病名称
急性心肌梗死
冠状动脉搭桥术（或称冠状动脉旁路移植术）
心脏瓣膜手术
严重原发性肺动脉高压
主动脉手术
严重急性主动脉夹层血肿
严重冠状动脉粥样硬化性心脏病
严重心肌病

续表

B 组重大疾病名称
严重心肌炎
完全性房室传导阻滞
感染性心内膜炎
肺源性心脏病
头臂动脉型多发性大动脉炎旁路移植手术
嗜铬细胞瘤
严重心脏衰竭 CRT 心脏再同步治疗
严重慢性缩窄性心包炎
Brugada 综合征
严重川崎病
艾森门格综合征
主动脉夹层瘤
左室室壁瘤切除手术
风湿热导致的心脏瓣膜病变
严重大动脉炎
急性弥漫性血管内凝血
严重继发性肺动脉高压

这款产品将其保障的所有重疾分为 A、B、C、D、E、F 共 6 组，同组疾病只能赔付其中一种，一旦赔付，组内其他疾病的保障就终止了。

例如，某人投保该保险，不幸患上了急性心肌梗死，保险公司进行了理赔。几年后他又因病进行了主动脉手术，虽然主动脉手术在该保险的重疾保障范围内，但是由于和之前患上的急性心肌梗死属于同一重疾分组，保险公司是不予赔付的。

一般来说,重疾分组越多越好。分组越多意味着两次重疾属于同一组的概率越低,获得多次赔付的可能性就会越高。

其中,重疾不分组是最好的,相当于所有重疾单独分组,只要第二次重疾和第一次重疾不一样,都可以申请二次理赔。

2)重疾是怎么分组的

前面提到了,通常情况下,重疾分组越多越好。那是否一定如此呢?其实还要考虑到重疾如何分组,包括六类高发重疾分组情况及关联疾病分组情况。

例如,A重疾险重疾分4组,B重疾险重疾分6组。表面上看,B更好。但如果A有四类高发重疾是分在不同组的,而B则把高发重疾全分为一组,那显然A的多次赔付可能性要高于B。

六大高发重疾是指:恶性肿瘤、急性心肌梗死、脑中风后遗症、重大器官移植术或造血干细胞移植术、冠状动脉搭桥术、终末期肾病。

一般来说,六大高发重疾分组分得越分散越好。其中,恶性肿瘤是否单独分组尤为重要,因为恶性肿瘤是所有重疾中最高发的。

如表3-4中列明的重疾分组就比较合理:恶性肿瘤、急性心肌梗死、脑中风后遗症、终末期肾病和重大器官移植术或造血干细胞移植术是分别分组的,并且恶性肿瘤是单独分组的。

另外,关联疾病是否分在不同组也是重要的衡量标准之一,我们举个简单的例子来解释:

表 3-4　重疾分组

10.13 重大疾病

A组(1种)	B组(33种)	C组(21种)	D组(15种)	E组(21种)	F组(17种)
1. 恶性肿瘤	1. 脑中风后遗症	1. 急性心肌梗死	1. 终末期肾病（或称慢性肾功能衰竭尿毒症期）	1. 重大器官移植术或造血干细胞移植术	1. 多个肢体缺失
	2. 良性脑肿瘤	2. 冠状动脉搭桥术（或称冠状动脉旁路移植术）	2. 慢性肾上腺皮质功能衰竭	2. 急性或亚急性重症肝炎	2. 双耳失聪
	3. 脑炎后遗症或脑膜炎后遗症	3. 心脏瓣膜手术	3. 肾髓质囊性病	3. 慢性肝功能衰竭失代偿期	3. 双目失明
	4. 深度昏迷	4. 严重原发性肺动脉高压	4. 嗜铬细胞瘤	4. 重型再生障碍性贫血	4. 严重Ⅲ度烧伤
	5. 瘫痪	5. 主动脉手术	5. 系统性红斑狼疮-Ⅲ型或以上狼疮性肾炎	5. 慢性呼吸功能衰竭	5. 严重哮喘
	6. 严重阿尔茨海默症	6. 严重的原发性心肌病	6. 经输血导致的人类免疫缺陷病毒（HIV）感染	6. 严重溃疡性结肠炎	6. 严重的胰岛素依赖型糖尿病（Ⅰ型糖尿病）
	7. 严重脑损伤	7. 严重冠心病	7. 因职业关系导致的人类免疫缺陷病毒（HIV）感染	7. 原发性硬化性胆管炎	7. 糖尿病导致的双脚截肢

如表 3-5 所示，这是某款重疾险的重疾分组情况。假设某人投保了该保险后不幸患上肝癌，保险公司赔付保额。两年后，实

行了肝移植手术,保险公司再次赔付保额。将来(至少间隔一年),如果客户在疾病终末期陷入深度昏迷,保险公司第 3 次赔付保额。一份重疾险,赔付 3 次。

表 3-5 重疾分组

10.13 重大疾病

A组(1种)	B组(33种)	C组(21种)	D组(15种)	E组(21种)	F组(17种)
1. 恶性肿瘤	1. 脑中风后遗症	1. 急性心肌梗塞	1. 终末期肾病(或称慢性肾功能衰竭尿症期)	1. 重大器官移植术或造血干细胞移植术	1. 多个肢体缺失
	2. 良性脑肿瘤	2. 冠状动脉搭桥术(或称冠状动脉旁路移植术)	2. 慢性肾上腺皮质功能衰竭	2. 急性或亚急性重症肝炎	2. 双耳失聪
	3. 脑炎后遗症或脑膜炎后遗症	3. 心脏瓣膜手术	3. 肾髓质囊性病	3. 慢性肝功能衰竭失代偿期	3. 双目失明
	4. 深度昏迷	4. 严重原发性肺动脉高压	4. 嗜铬细胞瘤	4. 重型再生障碍性贫血	4. 严重Ⅲ度烧伤
	5. 瘫痪	5. 主动脉手术	5. 系统性红斑狼疮-Ⅲ型或以上狼疮性肾炎	5. 慢性呼吸功能衰竭	5. 严重哮喘
	6. 严重阿尔茨海默症	6. 严重的原发性心肌病	6. 经输血导致的人类免疫缺陷病毒(HIV)感染	6. 严重溃疡性结肠炎	6. 严重的胰岛素依赖型糖尿病(Ⅰ型糖尿病)
	7. 严重脑损伤	7. 严重冠心病	7. 因职业关系导致的人类免疫缺陷病毒(HIV)感染	7. 原发性硬化性胆管炎	7. 糖尿病导致的双脚截肢

3）两次赔付的间隔期

多次赔付重疾险一般会设置间隔期，简单来说就是两次重疾赔付需要间隔一段时间，假如第二次重疾发生在间隔期内，那就不能获得赔偿了。

对于多次赔付的重疾险来说，间隔期越短越好。通常，市场上的保险重疾赔付间隔期分为180天、365天、3年、5年。间隔期180天基本是目前重疾（非癌症）赔付最短的间隔期了。

至于一些癌症多次赔付的险种，间隔期一般较长，通常为3年、5年。

4. 其他注意事项

以上仅是选择多次赔付重疾险应考虑的因素。但实际上，多次赔付重疾险本身也是重疾险。在做具体选择时，还应该要考虑以下几个方面。

（1）该产品其他保障怎么样

例如，轻症的赔付比例、是否有中症保障与身故保障等。

（2）保险价格

不同的重疾险价格差距很大。

（3）客户的身体状况

不同的重疾险健康告知要求不一样，有的产品虽然本身保障很出色，但是健康核保要求严格，同样的体况核保结果不如其他公司。

（4）保额需求

不同的客户，经济责任、现有保障不一样，保额需求都是不同的。如果想避免体检，超过免体检额度建议拆分投保。

第六节 是否要选含身故保障的重疾险

重疾险带身故保障,什么意思呢?

例如,小王买了一份带身故赔付责任的重疾险,保障110种重疾,保额100万元。小王因为这110种以外的疾病身故了,这份重疾险能赔100万元。但如果他买的重疾险不带身故赔付责任,则没得赔。

30岁的男性,100万元的重疾险保额,20年交,如果是带身故保障,一年保费2.4万元左右。如果是不带身故赔付的,一年保费1.7万元左右,便宜30%左右。怎么取舍?

我们先看一下同样100万元保额的重疾险,带不带身故保障,到底区别在哪里?

(1)如果一个人不幸罹患重疾险条款规定之外的重大疾病,抢救无效而去世,不带身故保障的重疾险无法赔付;而带身故保障的重疾险,赔100万元。

例如,"非典""新冠",都不在重疾险保障的病种范围内,却带走了不少人的生命。而罹患"非典"或"新冠"去世,不带身故保障的重疾险都不能赔付。

重疾险保障的重疾种类有100种左右,虽然不少,但是100种疾病之外,还有大量的其他疾病可能夺走一个人的生命。如果一个人的重疾险是带有身故赔付的,那么不管什么疾病导致被保险人身故,保险公司必须赔付。

(2)罹患重疾险条款内的重疾,申请理赔前就身故了,不带身故保障的重疾险不能赔;带身故保障的重疾险赔100万元。

最典型的就是急性心肌梗死。这个疾病非常凶险,如果抢救不及时随时都会死亡,心肌梗死抢救的黄金时间就是发病后短短的 1～2 个小时。

如果没把握好这一两个小时,病人没有抢救回来,不带身故保障的重疾险不能赔,带身故保障的重疾险能赔 100 万元。所以,重疾险不带身故保障的话,急性心肌梗死很大概率是赔付不到的。而急性心肌梗死是非常高发的重疾,仅次于恶性肿瘤。

(3)罹患重疾险条款内的重疾,但是没有达到符合条款规定的时间要求就去世,不带身故保障的重疾险不能赔;带身故保障的重疾险赔 100 万元。

典型的就是严重脑中风后遗症和严重慢性肾衰竭(俗称尿毒症)。我们看一下条款中的理赔条件,如图 3-16、图 3-17 所示。

7.7.3 严重脑风后遗症	指因脑血管的突发病变引起脑血管出血、栓塞或梗塞,须由头颅断层扫描(CT)、核磁共振检查(MRI)等影像学检查证实,并导致神经系统永久性的功能障碍。神经系统永久性的功能障碍,指疾病确诊 180 天后,仍遗留下列至少一种障碍: (1)一肢(含)以上<u>肢体(见 7.33)肌力(见 7.34)</u>2 级(含)以下; (2)<u>语言能力完全丧失(见 7.35)</u>,或<u>严重咀嚼吞咽功能障碍(见 7.36)</u>; (3)自主生活能力完全丧失,无法独立完成<u>六项基本日常生活活动(见 7.37)</u>中的三项或三项以上。

图 3-16 严重脑中风后遗症定义

7.7.6 严重慢性肾衰竭	指双肾功能慢性不可逆性衰竭,依据肾脏病预后质量倡议(K/DOQI)制定的指南,分期达到慢性肾脏病 5 期,且经诊断后已经进行了<u>至少 90 天的规律性透析治疗</u>。规律性透析是指每周进行血液透析或每天进行腹膜透析。

图 3-17 严重慢性肾衰竭定义

如果一个人发生严重脑中风没有挺过 180 天,或者发生严重慢性肾衰竭后没坚持到做 90 天肾透析就去世了,不带身故保障的重疾险不能赔;带身故保障的重疾险赔 100 万元。

(4)需要做器官移植或造血干细胞移植,但是被保险人在等到合适的供体前去世,不带身故保障的重疾险不能赔;带身故保障的重疾险赔100万元,如图3-18所示。

7.7.4 重大器官移植术或造血干细胞移植术	重大器官移植术,指因相应器官功能衰竭,已经实施了肾脏、肝脏、心脏、肺脏或小肠的异体移植手术。 造血干细胞移植术,指因造血功能损害或造血系统恶性肿瘤,已经实施了造血干细胞(包括骨髓造血干细胞、外周血造血干细胞和脐血造血干细胞)的移植手术。

图3-18 重大器官移植术或造血干细胞移植术定义

(5)人终有一死,带身故保障的重疾险一定会赔100万元给客户,而不带身故保障的重疾险保险公司是不需要赔付的。

20年,每年多7 000元保费,20年累计14万元,换一个板上钉钉的100万元。不同的人,有不同的选择。

再说一下性价比。

买东西,性价比是大部分人追求的。但便宜的,就一定是性价比高的吗?可能未必。

一款重疾险,必须要包括6种常见重疾:恶性肿瘤(重度)、较重急性心肌梗死、严重脑中风后遗症、冠状动脉搭桥术(冠状动脉旁路移植术)、重大器官移植术或造血干细胞移植术、严重慢性肾衰竭。其中冠状动脉搭桥术和急性心肌梗死有重叠,因为急性心肌梗死基本需要做冠状动脉搭桥术。

以往的重疾险都是带有身故赔付的,不带身故赔付的重疾险,是最近三四年才出现的。在以往的重疾险理赔案例中,因为这6种重疾而申请的,占了理赔案例的90%左右。

什么意思呢?就是说,上文提到的急性心肌梗死、严重脑中风后遗症、严重慢性肾衰竭、器官移植,是出险概率非常高的重疾,而如果一款重疾险不带身故赔付,则大大降低了保险公司赔付的概率。

所以，不带身故赔付的重疾险，是便宜 30%，但保障也随之少了很多。

最后，一个人投保重疾险时，选择不带身故赔付、节省 30% 保费，他自己是知道保障少一部分的。但是，万一发生上面这些情况，申请理赔的家人知道吗？家人能接受吗？他在意在生命最后给家人留下这样的懊恼吗？

建议大家在选择重疾险的时候，综合考虑上述因素后，再决定要不要选择带身故保障。

第四章
医疗险：解决"看病贵""看病难"

第一节　医保内的药，为何医保报不了

相较于普通的百万医疗险，更推荐大家配置中高端医疗险。理由之一是，中高端医疗险可以报销外购药。

能报销外购药到底有多重要呢？

1. 从一则医疗案例说起

2019 年，50 多岁的张爱林在无锡市人民医院进行了肺移植手术，2020 年因为术后感染再次住院。

其间主治医生多次开出处方，说有一些药需要自费，让张爱林的家人直接去医院门诊大楼一层的药店购买。比如，一种特效抗生素"锋卫灵"，5 毫升就要 2 200 元，还有白蛋白，也是价格不菲。

两次住院，他们自费购药共花费了 52 万余元。

然而 2020 年 3 月，张爱林第二次住院时，他的儿子张培爽在无意中发现，他们花了这么多钱自费购买的药物，竟然全都在医保目录之内。明明是医保目录内的药，为什么医生却要求自费购买呢？

带着这样的疑云，张培爽与医院多次交涉，但问题却得不到解决。主治医生告诉他，这些药虽然在医保范围内，但医院没有引进，也无法引进，只能自费。

于是，他向江苏省卫健委举报了医院的行为。

在他交涉、举报后，医生更改了用药方案，停用了"锋卫灵"

等药物，直到数日后张家人签下同意书，声明所有自费药都是自己主动自费的，用药才恢复。而在此期间，张爱林的病情快速恶化，于2020年4月11日去世。

随后，张家人将医院告上了法庭。

2. 药品进入医保后，却在医院"消失"

这个悲剧的发生，并不只是个例。

报道该事件的医疗媒体"八点健闻"向多家医院医生和业内人士了解到，医保目录内的药物，医院里却没有，这样的情况相当常见，尤其是抗癌药、创新药等价格高昂动辄几千上万的药品，要求患者院外自费购买几乎成了许多医院的惯例。

最近几年，不少癌症、罕见病等重大疾病治疗用药经过谈判议价后进入了医保目录，对于患者来说，这本是大大的福利。但奇怪的是，很多药进入医保后，却在医院"消失"了。

《中国青年报》2021年4月13日曾对此现象做了专题报道《"灵魂砍价"进医保的药为何在医院买不到？专家详解》，据报道，中国药学会公布的一组数据显示，截至2020年第三季度，2018—2019年纳入国家医保目录的肿瘤创新药，在1 420家样本医院中的进院比例约为25%。

央视的《经济半小时》栏目2019年也曾报道过这样一件事：家住贵阳的王先生患有非小细胞肺癌，已经进入第四期，需要服用靶向药克唑替尼，该药当时已经纳入医保，但王先生的太太跑遍了各家医院都买不到。克唑替尼一盒5万元，纳入医保后一盒5 000元。

某抗癌网络论坛的一份调查显示，截至2018年12月，500多位癌症患者中，有54.9%的人表示买不到医保抗癌药，甚至有53.4%的患者透露，医院明确表示不进医保抗癌药。

3. 为什么会出现这样的情况

主要有三个方面：医保的总额预付制度、药占比考核、取消药品加成。

（1）先来说医保的总额预付制度。什么意思呢？就是医保部门每年会给医院一定数额的医保使用额度，超过这个额度的费用，医院就得自己负担。

要知道，我们每一次在医院刷医保卡的时候，医保报销的部分其实都是医院先行垫付，之后再向医保部门申报结款的。如果医院垫付了 1 000 万元，但医保部门给的定额只有 600 万元，剩下的 400 万元结算不了，就等于医院自己贴钱给患者看病了。

为了不亏本，医院通常会将医保额度分解划拨给各个科室，科室又会对每个医生制定考核指标，例如，一个月只能有多少医保额度，超过后要么扣奖金要么罚款。而那些进口药特效药，价格高，走了医保，医生的额度就会超标。

（2）以往的药占地是医院控费的"紧箍咒"。所谓药占比就是医生开处方时，药物费用占病人所有费用的百分比，一般不超过 30%，如果超出了，医生就要被罚钱，被批评。

设计的初衷是为了防止医生乱开药，但实际操作中，却导致很多医生不敢开药了。尤其是一些高价药，一给开，药占比就飙升。

知乎上就有医生透露，自己因为同情患者年龄大给多开了一盒药，结果被扣了 1 000 元奖金。还有位医生说他们科室为了给一个老人开药，年初的时候就把科室的全年绩效给开没了。

2019 年单一药占比考核被合理用药综合指标取代，但是控费的"紧箍咒"依然在。医生也需要工资奖金养家糊口，不能一直被扣钱，患者又不得不用药，怎么办呢？结果就是让患者去医院外自费买药。

（3）是取消药品加成。以前国家允许医院在药品采购价基础上加价15%销售，这样的话，药品的采购价越高，医院能赚的钱就越多。

而取消药品加成的政策推出后，医院卖药不挣钱了，采购、运输、保管环节都需要出钱出人，很多贵重药物的储藏成本又高，所以很多医院索性就不进高价药了，有的时候医生不给开也是因为医院确实没药。

4. 医保报销有对应症限制

如果医院有药，医生又没有医保限额和控费的限制，医保目录内的药是不是都能走医保报销呢？

也不一定。

事实上，医保目录除了列出药名，也限定用于治什么病，两者符合才能报，否则报不了。

就是说同样的药，可以治疗A疾病，也可以治疗B疾病，但如果医保药品目录规定了，该药的适应症是A疾病，那么当它用于治疗B疾病时就不可以报销。

例如，张爱林案例中涉及的一款药品——白蛋白。张家人花了数万元自费购买这款药，却发现它也在医保目录之内。

事实上，被要求院外自费购买白蛋白，在癌症病人群体中非常常见，受到医保目录的适应症限制，这种药很少能报销。

根据国家医保药品目录规定，白蛋白的报销只限于"抢救、重症或因肝硬化、癌症引起胸腹水的患者，且白蛋白低于30 g/L"，而很多需要使用白蛋白的患者都是不能满足这些条件的。

例如，《我不是药神》里神药的原型——格列卫，它既是慢粒性白血病的一线用药，也是胃肠道间质瘤的一线用药，但是很长一段时间内，用于治疗慢粒性白血病，可以医保报销；而用于治疗胃肠道间质瘤，医保报不了。

再比如从 2020 年开始进入国家医保药品目录的抗癌靶向药奥拉帕利（奥拉帕尼），目前医保规定可报销的适应症仅包括部分卵巢癌、输卵管癌和原发性腹膜癌，而同样使用这款药的胰腺癌患者却是无法报销的。

5. 用商业医疗险弥补医保的不足

这一切归根结底是怪医保太抠吗？

其实医保也是有苦难言，医保总的钱就这么多，如果这些特别贵的药都报销了，一个人的报销额用完了几十人的额度，就会出现欢喜了一家人，愁坏了一群人的问题。我们都希望医保报销得越多越好，但这是世界性的难题。我国以前只有职工医保，后来把 9 亿农民都纳入进来，挺不容易的，不要迷信国外的医保如何如何，人口基数不一样，至于少数特别高额的医疗费，只能想其他办法解决了。国家也一直大力倡导大家购买商业保险来补充。

这几年确实有越来越多的人开始购买商业医疗险了，尤其是很便宜的百万医疗险（业内称为普通医疗险）。但大多数人并不知道，很多百万医疗险都是不覆盖外购药的，如图 4-1 所示。

符合以下任一条件的相关医疗费用，我们不承担保险责任：
（1）未经医生建议自行进行的任何治疗或未经医生处方自行购买的药品；
（2）虽然有医生处方或建议，但药品、医疗器械或医疗耗材不是自开具该处方的医生所执业的医院购买的（以收费票据为准）；
（3）虽然有医生建议，但相关治疗不是在医院进行的或相关费用不是由医院收取的（以相关医疗费票据为准）；
（4）滋补类中草药及其泡制的各类酒制剂涉及的药品费用。

图 4-1 某款百万医疗险的条款

如果买的是这类医疗险,在医院外面自费购买的药品是不在保障范围内的,例如张爱林一家自费购买药品的52万元,也不能报销。

因此,在经济条件许可的前提下,建议配置能覆盖外购药的中高端医疗险。

中高端医疗险其实保费并非那么高不可攀。

以30岁的人为例,如果选择住院医疗险(不要一般门诊保障):

中端医疗险每年报销额度为100万元,设置1.5万元免赔额,一年保费1 500元左右;

高端医疗险每年报销额度为1 000万元以上,设置一个免赔额,30岁的人保费也可以低至五六千元。

7岁的孩子可以单独投保高端医疗险了,一年保费3 000元左右。

建议大家充分利用保险的杠杆,让自己和家人在万一需要就医时,不被费用限制。

第二节 相比普通医疗险,中端医疗险的优势

同一家保险公司(安盛天平财产保险股份有限公司),有两款住院医疗险,同样每年100万元的住院保障额度,同一个人投保:

第一款保费是500元左右,1万元的免赔额;

第二款保费是1 500元左右,1.5万元的免赔额。

第一款产品叫"卓越守护百万医疗保险"(简称"守护"),

业内称为普通百万医疗险。第二款产品叫"卓越环球智选住院计划"（简称"智选"），业内称为中端医疗险。

当然了，产品名称叫什么，不影响选择。

我们会选择哪一款？

第一反应是不是选择便宜的那款？很多人都这样，但是深入了解后，基本上都会选择中端医疗险——贵的那款。

一、中端医疗险好在哪里

在讲二者区别之前，这里先介绍一下安盛天平。这家保险公司成立于2014年2月，当初是一家合资公司，外方股东是法国安盛保险集团在华子公司，中方股东是天平汽车保险，双方各占50%股权。2019年12月，安盛从国内股东手中完成收购安盛天平剩余50%股权，安盛天平自此成为全外资保险公司。

接触了全品类的人身险的保险专家会告诉你：医疗险是所有人身保险里信息最不对称的。我们看一款医疗险，除了看它承保的公司，还得看它的医疗网络和服务提供方。以安盛天平为例，该公司在售的几种医疗险，差别非常大。

（1）产品设计和服务提供方不一样。医疗险和意外险属于高频出险的险种，服务太重要了。这两个险种，选择服务好的公司，可以大大降低沟通和流程上的麻烦。医疗险的服务，不仅来自保险公司，还来自所用的医疗网络。

"智选"的产品开发和服务提供方是AXA Global Healthcare，隶属于安盛集团（AXA Group），迄今约80年历史，有基于全球的医疗险专业经验，直付医疗网络遍布全球，如图4-2所示。

第四章 医疗险：解决"看病贵""看病难"

图 4-2 AXA Global Healthcare 简介

"守护"不是由 AXA Global Healthcare 设计和提供服务，而是由安盛天平保险公司原来做车险的团队开发设计并提供服务的。

医疗网络和服务，直接决定一款医疗险的品质和体验。我们在选购产品的时候，比起承保的保险公司，更需要考虑的是真正提供服务的是谁。

（2）"智选"可以在公立医院的特需部、国际部直付，就是客户不用先垫付再走报销流程，而是保险公司和医院直接结算。

直付的意义在于，不仅节省了客户的时间，而且万一需要住院，不用占用家里的现金流。这对于大额医疗支出尤其重要！大部分家庭不会在银行活期账户上放着几十万大额资金随时备用。

（3）"智选"的 1.5 万元免赔额，可以用医保报销的部分去抵扣。例如，如果某人住院，花费了 3 万元，医保报销了 1.6 万元，这 1.6 万元可以抵扣"智选" 1.5 万元的免赔额，这样剩下的 1.4 万，全部由保险公司承担。

如果这人选择的住院医疗险是"守护",医保报销了1.6万元,不能抵扣免赔额,需自付1万元,剩下的4 000元由保险公司承担。这4 000元只是理论上,因为条款里还有一些限制,例如,很多外购药不能报销、一些植入器材不能报销。

(4)医院选择的差异。"智选"除了公立医院的普通部外,还可以覆盖国际部和特需部。

普通部和国际部、特需部最明面儿上的差别,就是费用的差异。例如,在普通部副主任医生的诊金是20元,在国际部和特需部是500元起;国际部和特需部的检查费是普通部的2～3倍;床位费,普通部一晚是几十元,国际部和特需部每晚的床位费1 000元起。

二、和费用对等的是体验

公立医院知名专家号一号难求,排队大半天就诊2分钟的经历,相信很多人都有。

图4-3所显示的是华西医院普通部寻常的一天,医院里人多得像节假日的火车站。而华西医院的特需部,工作人员多于病人或家属,如图4-4所示。

图4-3　华西医院普通部

第四章 医疗险：解决"看病贵""看病难"

图 4-4　华西医院特需部

图 4-5 是中山大学附属第六医院的特需部病房。

图 4-5　中山大学附属第六医院的特需部病房

这是一间单人病房，之所以我们看到有两张床，是因为医院提供了一软一硬两张床垫供病人选择，病人睡一张，陪护的家属睡一张。

还有南方医院的特需部，病人做手术住院时，家属可以直接在病房里做饭、休息。对于从外地来广州就医的人，不仅节省了在外面租房或住酒店的费用，而且不用在酒店和医院两边来回奔波。

至于医疗资源方面，特需部或国际部集中了医院最好的医护资源。而且当普通部一号难求、一床难求的时候，特需部和国际部号源和床位通常是充裕的。

以广州地区为例，下面是部分医院官网的介绍。

中山大学附属第六医院的雅和病区:"病员可以自己安排就医时间,自选专家主诊,诊病只需电话预约,全程由专业护士1对1陪同,无需排队等候。"

中山大学附属第一医院的特需医疗中心:"集合各专科热门专家,拥有包含超过500位高级职称医生的专家库,每日均有30多位专家教授坐诊。"

广东省人民医院协和医疗中心:"协和高级医疗中心已连接美国顶级医疗如MD安德森癌症中心、纪念斯隆凯瑟琳癌症中心、哈佛医学院丹娜法伯癌症中心、斯坦福医院、加州大学旧金山分校医疗中心等医院各领域TOP 1%顶级专家,可为患者提供顶级、专业、便捷的医疗服务。"

三、就医时可以突破医保限制

以上这些其实还不是最重要的。最重要的是,特需部、国际部和普通部受医保的约束程度不一样,特需部、国际部基本上不受医保限制。

涉及医保政策的问题,说起来太复杂了。

医保是一项国民福利,它有商业医疗险无可比拟的优势:

(1)所有既往症(不管多严重)都纳入保障:假设有一个人没有医保,他不幸罹患癌症后开始缴纳医保,只要缴满12个月,他就可以享有医保保障了。但是他如果选择商业医疗险,是不可能承保的。

(2)只要持续缴费缴满若干年,医保是保障终身的,但很多商业医疗险一旦停售,保障就没有了。

但是,我国的医保政策也有很多弊端。例如,报销范围的限制，医保药品目录只占总药品目录的1.4%；还有报销比例的限制，医保目录内的甲类药100%报销，乙类药自付一定比例后报销70%～80%，丙类药全部自付。

这无可厚非，因为中国这么多人口，医保只能是"广覆盖、低保障"，所以要医保控费，有额度限制。简单一点解释医保限额就是：医保部门给每个省一定的医保费用额度，每个省分配给各家医院，每家医院分配给各个科室。额度用超过的，扣医生的钱。

医保部门通过种种途径来控费，例如单病种限制——一位病人，不管他得了几种病，医生为他治疗了几种病，医保都只按他住院病历里的第一个疾病和医院结算。

例如，一位60岁男性，因为胃癌入院，需要做胃部切除，他同时有高血压、糖尿病，最后出院时花了12万元。医保报销4万元，自己支付8万元。但是医保部门不会给医院4万元，而是1.8万元。

为什么是1.8万元呢？这是国家进行的标准化临床路径经过统计之后得出的价格，全国通行，胃癌手术的治疗费，医保就是支付1.8万元。

就这位病人而言，医生多花了2.2万元，导致医生本人和科室其他人按一定比例扣奖金。例如，有一位医生说，"去年我们科亏了约20万元，医院直接要我们科室承担30%，差不多7万元，就科室几个医生承担，每个月奖金扣2 000元，连扣几个月。我们累死累活换来的是扣奖金啊！现在医院政策是医保亏损扣30%，医保有剩余奖励3%"。

所以，多理解一下医生吧，人家不仅给病人看病，还往往倒贴钱呢。

在可选择范围内，医生为了控制费用，只能想各种办法。

1. 用便宜的药

例如，头孢呋辛酯是医保范围内的甲类药，国产的 10 元左右，进口的 50 元左右。医生为了控制费用，只能用国产的。

2. 用便宜的植入器材

例如，人工关节置换，医保要求全部费用加起来不能超过 5.5 万元。可是，5.5 万元真的是"臣妾做不到"啊！

进口关节最便宜的就要 3.8 万元，加上麻醉费用就 4.8 万元。加上手术费，就 5 万元了！（医生手术费太少是另外的话题……）医生遇到患者要求用好的人工关节，也只能无奈拒绝啊！

明明年轻人应当用更贵一点的，因为能用得长一点，也意味着可以晚一点再做一次植入手术，但是有医保控费的"紧箍咒"，医生也没办法。

还有，明明高级敷料可以防感染、减渗出，对不起，医保患者只能用棉垫加绷带；消化道手术的病人，只要能进食了，就不开营养液了，因为医保见到能进食就不报营养液的费用了，但病人即使能进食，初期也只能进流食，还往往食欲不振、吸收不好，如果辅之以营养液，愈合或康复效果会更好。

所以，我们不要一味追求所谓的"性价比"，尤其是在信息不对称的行业，例如医疗行业。

保险行业也是如此，专业保险顾问要为消费者做的，是从众多保险公司的产品中选择最合适的产品或产品组合，而不是挑选最便宜的。

任何产品，最便宜的，未必是最好的，这是常识。

3. 机械化限制病人住院时间

《新京报》曾报道过医保病人"15 天被出院"的现象。报道指出，尽管很多医院并不承认有相关规定，但"15天被出院"在很多地方已成常态，不少医院上演着相同的戏码。家住广州天河的范先生几个月内辗转了5家医院；广州荔湾的黄女士被"15天出院"困扰了整整5年，每个月都要担心父亲接下来该转去哪家医院。

"被出院"最极端的后果就是耽误了病情，搭上了性命的代价，有人在知乎上写道：

"我表弟得了再生障碍性贫血，在广州某大医院治疗，经常都叫他出去买药，……后来表妹和表弟配型全相合，花了几十万移植，移植完了半个月出院。感染后去医院，半个月又让他出院。现在才明白为什么住院每次都是15天，毫无意外。本来一个不用死的病，活生生，折腾了一年，最后死了……"

4. 拒收医保病人住院

这几年，每到年底，医保病人入院难都是媒体关注的话题。湖南长沙湘雅二医院拒收医保患者的事件，被媒体报道后曾引发热议。

长沙市医保参保者吴女士罹患直肠肿瘤，前往湘雅二医院就医，却被拒之门外。"医生听说我是长沙市医保，就说暂时不收市医保的病人，建议我去市级医院，"吴女士说。

医院相关人士随后向媒体表示，医院的报销额度已经用光，而且真没有能力为市医保病人垫付医保报销费用了，拒收是迫不得已。

5. 医院不再进抗癌药

这是医保对医生"药占比"的考核。药占比，是指药物费用占整体医疗费用的比例。

2017年，试点城市的公立医院药占比（不含中药饮片）要求总体降到30%。知乎上有一位医生透露，开一瓶5 000元的药至少要开16 000多元的其他费用，例如检查、CT等，这样才能不超支。如果医保的人来检查，发现药占比超过，就会停医生一个月处方权。没有处方权不能开药，也就没有绩效，一个月只有1 000多元的基本工资。

因为"药占比"的考核，导致一些抗癌药虽然进了医保，但在医院就是买不到，如图4-6所示。

图4-6　抗癌药进医保在医院买不到的新闻

2019年1月，国家取消"药占比"考核，但控费依旧是医保的重要内容。没办法，中国14亿人口，解决这么一个庞大人群的医疗保障，对任何国家来讲都是巨大的考验，在费用上必须精打细算。

6. 机械执行"标准化临床路径"

中国推行"标准化临床路径"，如表4-1所示。一方面是为了规范医疗行为，更重要的是为了控制医疗费用。推行至今整整10年了，不时会有新增，迄今临床路径总量已超过1 000个病种。

表 4-1 中国标准化临床路径

序 号	路 径 名 称	发布年份
476	风湿性心脏病主动脉瓣关闭不全	2016
477	风湿性心脏病主动脉瓣狭窄	
478	二尖瓣关闭不全成形修复术	
561	非 ST 段抬高型急性冠脉综合征介入治疗	
563	风湿性二尖瓣狭窄	
571	法洛四联症	
573	肺动脉高压	
574	肺血栓栓塞症	
690	慢性肺源性心脏病	2011
757	动脉导管未闭	
758	房间隔缺损	
759	肺动脉瓣狭窄	
760	二尖瓣病变	
761	主动脉瓣病变人工机械瓣置换术	
762	主动脉瓣病变人工生物瓣置换术	
763	升主动脉瘤	

"标准化临床路径"规定了治疗路径和用药范围，例如，冠心病合并瓣膜病的"标准化临床路"中对于药品的部分规定，如图 4-7 所示。

如果病人在医保体系内就医，医生如果不按上面的路径开药，是违规的。从制定这个路径到现在这几年里，如果有新研发的药物，即便效果更好、副作用更少，医生在医保框架内也是不可以开的，但在特需部和国际部就没有这些限制。

这里借着讲为何选择贵的医疗险，把为何选择商业医疗险的问题也一并解释了：如果希望自己在住院时，可以在医保之外，有更多、更好的就医选择，投保中高端医疗险，是个很好的选择。

> 冠心病合并瓣膜病（内科治疗）[兼容模式] - Word
>
> 审阅　视图
>
> （六）治疗方案的选择。
>
> 　　1.选择用药。
>
> 　　（1）双联抗血小板药物：常规联用阿司匹林+氯吡格雷（或替格瑞洛）。
>
> 　　（2）抗凝药物：低分子肝素、普通肝素、华法林或新型口服抗凝药等。
>
> 　　（3）抗心肌缺血药物：β受体阻滞剂、硝酸酯类、钙离子拮抗剂等。
>
> 　　（4）镇静止痛药：硝酸甘油不能即刻缓解症状或出现急性肺充血时，可静脉注射吗啡。
>
> 　　（5）抗心律失常药物：有心律失常时应用。
>
> 　　（6）调脂药物：早期应用他汀类药物。

图 4-7　冠心病合并瓣膜病的"标准化临床路"中对于药品的部分规定

第三节　高端医疗险能提供的医疗服务

医疗险分为四类：普通的百万医疗险、中端医疗险、高端医疗险、专项医疗险（如孕产险等），如表 4-2 所示。

表 4-2　医疗险的分类

类型	保费	额度	保障地区	医院范围	作用
普通医疗险	数百元起	一两百万元	中国内地	公立医院普通部	给医保打一点补丁
中端医疗险	一千多元起	一两百万元	中国内地	公立医院普通部、特需部、国际部	保障更充分，可以报销外购药，可以突破医保的限制，有一定的医疗资源协助

续表

类型	保费	额度	保障地区	医院范围	作用
高端医疗险	数千至数十万元	1 000万元起	可以覆盖全球	公立医院普通部、特需部、国际部私立医院单人间	实现医疗自由，全球范围内为客户匹配最好的医疗资源，并承担医疗费

一个人生病的时候，尤其是大病，一方面会面临资金的问题，一方面是面临医疗信息不对称、医疗资源匹配和调度的问题。

普通人，这两项都需要解决。而高净值人士投保医疗险，更看重的是，能更方便快捷地获取医疗资源。

我们通过下面这几个案例来看看，高端医疗险到底能提供怎样的医疗协助。

1.在全球范围内为客户匹配优质的医疗资源

2020年初，北京的王女士被确诊为急性白血病，医生建议立即进行骨髓移植手术。

当时的北京，正笼罩在新冠肺炎疫情的阴影之中，许多医院暂时关闭了肿瘤科、血液科、血液透析中心等科室，原本的手术计划被迫无限期中断。

情急之下，王女士求助了她的高端医疗险。医疗险公司帮她在全球范围内寻找适合配对的骨髓，以及可以做手术的医疗资源，两周后，在中国台湾地区找到了距离最近的适合配对的骨髓。

然而一波未平一波又起，受新冠肺炎疫情影响，台湾此时已经实施入境限制。虽然已经找到了供体，联系好了医院，但王女士却无法进入台湾。

为了解决这个难题，高端医疗险方面协助提交了入台所需的相关资料和就医申请文件，说明了医疗必要性、疗程延续性及风险性，并与台湾疾管署就王女士入境后隔离、检疫、就医流程等细节进行了沟通协调。

最终，王女士成功取得了特批的入台医疗特别许可证，由高端医疗险提供的全球紧急运送服务负责安排入境，在台北荣民总医院接受了手术。

即便不是因为新冠肺炎疫情，我们凭借个人和朋友圈的力量，所能调动的医疗资源也是非常有限的。而高端医疗险可以在庞大的全球医疗网络内，为我们匹配最合适的优质资源。

还有一个案例。

2020年9月，在上海某知名企业任总经理的高先生突然感觉走路不稳，面部时而抽动，被诊断为高级别胶质瘤。确诊后第二天，高先生的病情就急速恶化，甚至出现短暂丧失意识的情况。

因为高先生的肿瘤过大，且弥漫性生长于重要脑功能区之间，无法全部切除。术后他出现了脑水肿严重、意识不清、无法行动等后遗症，预后很不乐观。

不幸中的万幸，高先生的公司为他买了高端医疗险。高端医疗险公司协助高先生家属联系到了国际著名专家给出建议，同时还联系了中国内地、香港、欧洲等地的全球临床团队共同审核，确定了放化疗＋贝伐珠单抗＋TTF电场治疗的方案。

因为在最快的时间进行了术后治疗，高先生颅内病灶成功地逐渐缩小，他的精神、认知和行动能力也明显好转。

特别要说一下的是，高先生用来控制脑水肿的贝伐珠单抗，他术后一周才在内地获批用于胶质瘤患者。而TTF电场治疗，每月花费13万元，也是2020年6月才进入内地市场。

2. 非常值得关注的二次诊疗服务

高端医疗险能提供大病的二次诊疗意见。二次诊疗可以减小误诊率，为患者优化治疗方案。

国内最大的出国看病服务机构，在2017年发布了一组数据，他们的客户中有12%的患者诊断结果被改变，77%的患者治疗方案被改变。

误诊是一只可以推倒"多米诺骨牌"的无形之手，对疾病的诊断一旦出错，意味着诊疗方案、诊疗费用乃至人的一生都会出现偏差。

以乳腺癌为例，一些初次诊断必须做切乳术的患者，在二次诊断优化方案后，可以实行保乳治疗，不同诊疗方案带给患者余生的影响天差地别。

哈佛大学此前针对二次诊断也做过相关研究，结果表明通过二次诊断后，93%的患者会改变原来的诊疗方案，71%的患者愈后效果比首诊好。

我们自己可以去寻找二次诊断，但是需要耗费时间和精力，乃至人情。人在生病的时候，时间和精力都是稀缺的。这时我们也可以借助于高端医疗险。

有过这样一个案例。一位购买了高端医疗险的客户因排尿困难、有烧灼感等症状就诊，申请MRI检查。

医院检查结果显示，患者患有急性前列腺炎并囊肿累及精囊。在进行了6天的静脉滴注抗生素治疗（保守治疗）后，患者又进行了进一步检查，发现仍存在局部囊肿情况。

院方针对病人情况，建议他进行前列腺摘除术。

由于患者早先购买了高端医疗险，所以要和保险公司打招呼，让保险公司准备和医院对接，直接支付治疗费。在术语上，我们称其为"预授权申请"。

保险公司接到申请一看治疗方案，发现要摘除前列腺，这对患者而言影响太大了，所以又为他安排了当地最权威的公立医院泌尿科进行第二次诊断。

诊断结果显示，原来患者只是前列腺炎，后期只需要维持保守治疗并定期复查就可以，不需要穿刺和摘除。

最后通过二次诊断，患者病情得到控制，避免了摘除器官。

3. 高端医疗险还能提供医疗转运、紧急救援

高端医疗险可以免费提供医疗转运、紧急救援服务。

43岁的岳先生在新疆乌鲁木齐出差突发心脏病，病情恶化得很快，当地医疗水平有限无法为岳先生医治，可治疗的黄金时间只有6个小时，超过时间，岳先生随时有生命危险，怎么办呢？

所幸岳先生所在的公司为其投保了高端医疗险，可以使用医疗转运服务。

保险公司接到出险电话后，紧急调用了两架飞机，先是专机把岳先生从新疆运送到首都机场，再用直升机将岳先生从首都机场运送到北京安贞医院。工作人员指挥转运直升机的场景如图4-8所示，安贞路北十字路口充当了临时停机坪。

图4-8 工作人员指挥转运直升机

整个过程只花了4个小时，全程3 825公里，最后岳先生及时得到救治。如果没有高端医疗险的紧急救援服务，作为患者家属，在这样的时刻一定是六神无主的，很难在这么短时间内调动这么多资源救人。

还有一个案例。一位独自飞往境外出差的先生在飞机上突发心梗，需要尽快抢救。

紧急情况下，飞机迫降日本，不料患者此时已经昏迷，身边没有同行者，救援人员翻遍患者全身，发现他没有足够的现金，也找不到人替他签医疗知情书。

救援陷入僵局时，医护人员看到患者身上带着一张保险公司发的高端医疗险直付卡，于是立即联系保险公司，而保险公司通过医疗网络，马上为患者安排入院治疗，并且联系患者家属。

最后患者在日本接受手术，抢救成功，醒来后，保险公司将其转运回国内继续疗养。

消费者选择高端医疗险时，建议选择能提供全球紧急救援服务的产品。

4. 高端医疗险的价格没有想象中高

高端医疗险的价格其实没有那么高不可攀，入门级的产品，数千元也就可以搞定了。

说几款综合性价比很高的高端医疗险。

35岁的人，选择就医地域是全球，覆盖公立、私立、昂贵医院，设置1.5万元免赔额，住院保障额度2 500万元，保费1.5万元左右/年；如果就医地域是全球除美国，保费可以降低一半左右。（安盛的卓越环球计划）

7岁的孩子，选择就医地域是全球，覆盖公立、私立、昂贵医院，设置 8 000 元免赔额，住院保障额度 1 000 万元，保费 8 700 元左右/年；如果就医地区是全球除美国，每年保费一下子可以压缩到只有 4 000 元出头。（招商信诺醇悦人生计划）

任何医疗险一旦加上门诊保障、不设置免赔额，保费就高很多了。

35 岁的人，选择就医地域是全球除美国、加拿大，覆盖公立、私立、昂贵医院，保障门诊+医院，没有免赔额，年保障额度 1 000 万，保费是 4.5 万元左右/年。（MSH 精选/经典个人全球医疗计划）

对于高端医疗险，经验、医疗网络、服务很重要，建议选择经验丰富、续保稳定的公司，例如，Bupa、AXA（国内是安盛天平）、MSH、Cigna（国内是招商信诺）。

自己和家人的医疗自由，是很多人努力工作的目标之一，借助于高端医疗险的杠杆，这个目标相对容易实现一些。

第四节　用最小成本实现医疗自由

有时候一场病，花的钱远超我们的想象。

2021 年 5 月，《南方周末》报道了一位 40 岁左右女性的故事。2018 年 2 月，她突然感到颈部不适，经医生诊断为室管膜瘤（中枢神经系统的肿瘤）。同年 6 月，她预约好了国内知名专家，计划进行手术，并为此准备了 20 多万元的应急资金。

但病情发展的速度完全出乎预料，6 月初还行动自如的她，到了 6 月 15 日竟然全身不能活动，短短 3 天后又因为无法自主呼吸陷入昏迷。在这样的情况下，原本约好的专家居然拒绝收治。

而其他各大医院，要么没把握救治，要么手术排不上。

所幸在调动各方资源后，她于6月22日紧急入住了天坛普华医院，并在当天中午进行了手术，从"鬼门关"被拉了回来，也从此开启了花钱如流水的序幕。

天坛普华医院是私立医院，被高端医疗险列入昂贵医院清单，从6月22日入院到8月14日出院，医疗费用近80万元，平均每天1.45万元。

病情稳定后，为了节约费用，她决定转院。但她当时气管切开带着呼吸机，需要找一个支持有创呼吸机的单间病房，这在公立医院的普通部几乎不可能，所以几经周折后她转进了中日友好医院的国际部。

国际部是不支持社保报销的，从8月中旬入院到12月底，医疗费用累计140万元左右。

2018年底，她转入了北京小汤山康复医院的重症病区。2019年一整年，她在这家医院的总体医疗费为80万元左右，好在是公立医院普通部，社保报销了一半左右。

2020年初，由于新冠肺炎疫情暴发，小汤山医院成为定点医院，需要腾空病房，她只好再次转院，先后转进望京的一家私立医院和泰康燕园康复医院。

都知道生病要花钱，但谁能想到，居然要花这么多钱。而她的治疗还远没有结束，至今她的颈部以下依然无法活动，甚至不能自主呼吸，医疗账单仍在滚滚而来。

不幸中的万幸是，主人公在生病前是一位保险经纪人，由于职业的关系过去陆续给自己配置了多份重疾险、医疗险和人寿保险。也正是这些保险在关键时刻救了她的命，并让她的家庭避免了"砸锅卖铁"的困境。

最初她被多家医院拒绝收治时,成功为她争取到天坛普华医院手术机会,救了她一命的,其实是一份中端医疗险的"紧急医事服务"。之后这份中端医疗险还为她直付结算了中日好友医院国际部的医疗费用140万元。

除此之外,她还获得了重疾险的140万元理赔款,3份寿险的"全残保险金"共100万元左右,加上普通医疗险的报销,在过去的3年里,她共经历了15次理赔,理赔金额超过400万元,部分保险还在继续保障中。

不过令她觉得遗憾的是,她没有给自己配置高端医疗险,如果有一份保额上千万、覆盖私立医院的高端医疗险,她就可以免受多次转院之苦了。

故事的主人公说:"曾经,我认为治病'钱'是最大的问题,现在意识到,紧急情况发生时,比'钱'更重要的是,如何获得优先、优质的救治。"

我们每个人一生中都面临大病风险,而绝大多数人在大病面前都太脆弱了。现实中有太多一场大病,导致倾家荡产、尊严全无的例子,经济跌落只在一瞬间。

还记得那位网络众筹医疗费的武汉大学曹亚雄教授吗?很多人曾指责一个堂堂大学教授,博士生导师,居然要依靠众筹治病,不知道的是,他的癌细胞脑转移后,每个月的治疗光药费就要4万元。试问有多少家庭能够承受这样的高额支出?

而保险的杠杆,可以让我们用有限的资金解决不能承受的风险损失,换取更大程度的"医疗自由"。

在配置医疗保险的时候,我们需要从哪些方面入手呢?

1. 挑产品

目前市面上的医疗险，主要分为普通的百万医疗险、中端医疗险、高端医疗险和专项医疗险。从时间上来分，有1年期、6年期、20年期。

百万医疗险凭借保费低、保额高的特点，获得了很多人的青睐，但由于产品本身的局限性，它能提供的保障和服务也是很有限的。

比如，百万医疗险的保障范围一般局限于公立医院普通部，在特需部、国际部和私立医院的治疗都是不予报销的。前面提到的那位女士，她在天坛普华医院和中日友好医院国际部花掉的220万元，百万医疗险是一分不能报的。

再比如，绝大多数百万医疗险都是不报销外购药的。但随着集中采购、取消医院药品加成等政策落地，患者需要外购药品的情况会越来越常见。而这些外购药百万医疗险都是不报销的。

此外，百万医疗险提供的增值服务也是远不如中高端医疗险的。文章开头那位女士急需手术却找不到医院接收时，也曾求助过百万医疗险的"就医绿通服务"，但及时性非常有限，而她当时的身体情况连一周都难以支撑，根本等不了。好在最后中端医疗险的"紧急医事服务"帮上了大忙。

在能力范围之内，建议大家选择中高端医疗险。中端医疗险不仅能报销公立医院普通部的费用，还能覆盖公立医院的特需部和国际部。高端医疗险则能报销的范围更广了，公立、私立都可以，病房标准是单人间，地域可以选择全球范围，保障额度可以高达数千万元。

与百万医疗险相比，中高端医疗险不仅能解决医疗费的问题，更重要的是能提供更优质的医疗资源，在紧急情况发生时，帮我们获得更优先的救治。

30岁左右的人，中端医疗险一年保费一千多元；高端医疗险如果仅选择住院保障，保费也可以压缩到数千元。

2. 挑公司

和其他保险产品相比，买医疗险是特别需要好好挑保险公司和医疗服务提供方的。

例如，保险公司的医疗险服务经验是否丰富，口碑好不好，医疗网络覆盖广不广，续保政策是否稳定，全球续保政策是否统一，是不是将医疗险作为公司主要的经营战略。这些因素都会影响到我们的服务体验和保障的可持续性。

3. 查前科

投保之前，我们还需要了解一下所选公司医疗险业务的赔付率，以及该保险公司之前三年内医疗险的停售情况。

根据银保监会2021年初发布的《中国银保监会办公厅关于规范短期健康保险业务有关问题的通知》，保险公司应当每半年在公司官网披露一次个人短期健康保险业务整体综合赔付率指标，并于每年3月31日前在公司官网披露前三个年度个人短期健康保险产品停售情况及每一款产品的有效保单数量，如图4-9所示。

> 保险公司应当每半年在公司官网披露一次个人短期健康保险业务整体综合赔付率指标。其中，上半年赔付率指标应当不晚于每年7月底前披露；年度赔付率指标应当不晚于次年2月底前披露。综合赔付率指标计算公式如下：
>
> 综合赔付率=(再保后赔款支出+再保后未决赔款准备金提转差)÷再保后已赚保费

图4-9 《中国银保监会办公厅关于规范短期健康保险业务有关问题的通知》

4. 找对人

如果觉得自己去做这些功课太麻烦了,那么建议大家找一位专业人士来帮助你挑选,毕竟"术业有专攻"。

而且几十页的保险合同哪些地方是重点,如何正确健康告知避免埋下纠纷隐患,万一出险如何与保险公司沟通申请理赔,这些对于普通消费者来说也都是有难度的,最好有靠谱的专业人士协助。

第五章
意外险:不怕一万就怕万一

第一节 交通意外险有局限

新闻媒体曾报道过这样一起交通事故。

一辆小轿车因为事故停在了路边，3个乘客从车上下来，站在路边等待援助。结果因为路面满地机油，另一辆车行驶到这里时车轮打滑，失去刹车功能，与小轿车相撞，并挤压到了路边刚刚下车的几位乘客。这次事故中，有死有伤。下面我们就保险问题讨论一下。

1. 意外险，会让人感到意外

请问：如果他们买了下面这款"百万任我行"，如图5-1所示，会得到怎样的理赔？

保险期间	交费期间	首年保费
30年	10年	1472元

投保险种	保额	保险期/交费期	首年保费
百万任我行	10万	30年/10年	1472

涵盖海陆空，百万任我行

意外身故/全残保障	10万元
自驾车意外保障	100万元
公共交通意外保障	100万元
航空意外保障	100万元
疾病身故保障	所交保费的120%
60岁领满期金	17664元

图5-1 某公司的"百万任我行"意外险

第五章 意外险：不怕一万就怕万一

正确的答案是：

路边的死者能赔到 10 万元，

车内的伤者能赔到——0 元！

怎么会？！说好的"百万任我行"呢？应该赔 100 万元啊。

我们摊开合同条款，逐字研究。

对于路边的死者，为什么不能获得 100 万元理赔？详细条款如图 5-2 所示。

自驾车意外全残或身故保险金 被保险人以驾驶员身份驾驶或者以乘客身份乘坐**个人非营业车辆**期间遭受意外伤害，并自该意外伤害发生之日起 180 日内造成本主险合同附表所列的"全残"的，我们按 10 倍基本保险金额给付自驾车意外全残保险金，但不再给付第三项中的意外全残保险金，本主险合同终止。
被保险人以驾驶员身份驾驶或者以乘客身份乘坐个人非营业车辆期间遭受意外伤害，并自该意外伤害发生之日起 180 日内身故的，我们按 10 倍基本保险金额给付自驾车意外身故保险金，但不再给付第三项中的意外身故保险金，本主险合同终止。

图 5-2 "百万任我行"条款对自驾车意外全残或身故保险金的定义

通俗地说，如果是驾驶员，保险公司保障的时间是他驾驶期间；如果是乘客，保险公司保障的是他乘坐车辆期间。可是，路边的人，既非"驾驶"，又非"乘坐"，不在"自驾车意外全残或身故保险"理赔范围内，所以属于普通意外事故，只能赔 10 万元。

保险合同条款对乘坐公共交通工具也是有明确的"起""止"时间界定的，上车开始、下车截止，如图 5-3 所示。

具意外伤害身故或身体高度残疾保险金。被保险人以乘客身份乘坐本合同约定的客运交通工具期间，指下列期间之一：（1）被保险人乘坐机动车（不含出租车及网约车）时，该期间指自被保险人持有效客票进入所乘机动车（不含出租车及网约车）时起至抵达客票载明的终点离开所乘坐机动车（不含出租车及网约车）时止的期间；（2）被保险人乘坐出租车或网约车时，该期间指自被保险人进入所乘出租车或网约车车厢时起至被保险人走出所乘出租车或网约车车厢时止的期间；（3）被保险人乘坐水上交通工具时，该期间指自被保险人持有效客票登上所乘水上交通工具时起至抵达客票载明的终点离开所乘水上交通工具时止的期间。

图 5-3 "百万任我行"条款里乘坐客运公共交通工具期间的定义

为什么车内的那位伤者一分钱都赔不到呢？他可是在车内啊！

因为这款意外险,理赔条件之一是必须身故或者全残。那位伤者即便在车内,没有身故或全残也不满足保险公司的理赔条件。如表 5-1 所示。

表 5-1 某公司的"百万任我行"

保险金	领取人	给付金额	领取条件
满期生存保险金	王先生	1 472 元×10 年×120% =17 664 元	30 年保险期满王先生仍生存
疾病身故保险金	小王	1 472 元×9 年×120% =15 897.6 元	假设王先生于第 9 个保单年度因疾病身故
意外全残或身故保险金	王先生/小王	10 万元	王先生因意外伤害导致全残或身故
自驾车意外全残或身故保险金	王先生/小王	100 万元	王先生驾驶或乘坐个人非营业车辆期间发生意外伤害导致"全残"或身故
公共交通意外全残或身故保险金	王先生/小王	100 万元	王先生乘坐客运公共交通工具期间发生意外伤害导致全残或身故
航空意外全残或身故保险金	王先生/小王	100 万元	王先生乘坐民航班机期间发生意外伤害导致全残或身故
上述各项保险金均为单独给付,并以一次为限。同一保险事故不会给付上述两项或两项以上保险金。			

除了"百万任我行"之外,市场上还有不少类似的产品。不管保额多少,这类产品大都只有身故或全残才能获得赔付,而且交通意外只能在交通工具内出险才能理赔,意外医疗几乎没有。

如果大家买的是这类意外险,对这样的保障范围和理赔条件是否感到"意外"?

2. 意外险,应该保障哪些内容

谈这个问题之前,先弄清楚我们为什么要买意外险?人生在世，生老病死残。意外险用于转移"残疾"带来的经济损失。明确这点，再来谈意外险应该保障哪些内容。

（1）意外身故及伤残——因意外导致的身故或残疾，由保险公司依据合同约定给付保险金。

请注意，意外身故及伤残、意外身故及全残，虽然只有一字之差，保障范围差别却很大！

除了航空意外，其他的意外事故"致残"的概率远大于"致死"。所以，如果一款意外险只有身故和全残赔付，而没有一般伤残的赔付，便大大缩小了保障范围。

残疾是根据伤残等级按比例赔付的。作为理赔依据的《人身保险伤残评定标准》，将意外伤残分为十个等级、281个小项。最重为第一级，最轻为第十级。对应地，将赔付比例分为十档——第一级伤残赔付意外伤残保额的100%，第十级伤残赔付10%，每级相差10%。

所以，意外伤残的保额一定要高，否则按比例赔付下来，杯水车薪。下面是281个伤残项目中的一小部分，大家可以看一下赔付比例，如表5-2所示。

表5-2 意外伤残赔付比例

伤残描述	伤残等级	赔付比例
双手完全缺失或完全丧失功能	4级	70%
腹部损伤导致全胃切除	4级	70%
一肢完全丧失功能	5级	60%
偏瘫（一肢肌力≤2级）	5级	60%
盆骨环骨折且两下肢相对长度相差≥8cm	7级	40%
胸部损伤导致≥12根肋骨骨折	8级	30%

残疾带给个人和家庭的伤痛和损失,往往大于"一走了之"。所以,对于绝大部分人来说,"意外身故及伤残"的保额要和寿险齐平。

(2) 意外医疗——因意外事故而引发的医疗费用(含门诊、住院),由保险公司依据合同约定赔付。

关于意外医疗,大家需要注意以下几点:

是否有免赔额,是次免赔额还是年免赔额?

报销的比例是100%还是80%或其他?

是否要求先医保报销?

是否能报销医保目录外的药物、器械?

限制的医院范围?

是否涵盖境外?

(3) 意外住院补贴——因意外伤害事故而入院治疗,将根据"实际住院天数 × 补贴金额",一般有天数限制。

意外住院补贴的作用,在于补偿误工费。

大家需要注意以下几点:

是否有免赔天数?两次住院时间的间隔要求多久?一年内最多给付多少天数/额度?

3. 意外险,选消费型还是返还型

消费型——交一年,保一年,类似于车险;

返还型——交5年或10年,保障20年或30年,期满返还已交保费总和的100%～130%。

如果不是担心七八十岁后没有意外险可选,建议选择交一年保一年的。

理由一:意外险是均衡费率,同一产品,30岁的人和65岁的

人，保费是一样的。所以，买长期的意外险，没有任何保费优势。

理由二：保险条款是会变的。意外险的赔付，是和《人身保险伤残评定标准》挂钩的。2014年1月1日起，新版《人身保险伤残评定标准》已正式实施，成为意外险残疾给付的新行业标准。

和旧标准相比，新标准有两个特点。

（1）保障范围扩大。将原来的7个伤残等级、34项残情条目，扩展到10个伤残等级、281项伤残条目。新标准改变了原本以肢体残疾、关节功能丧失为主的情况，增加了神经精神和烧伤残疾，扩大了胸腹脏器损伤、智力障碍等残疾范围，覆盖了包括神经系统、眼耳、发声和言语、呼吸系统、消化系统、泌尿和生殖系统、运动、皮肤这8大结构和功能门类。

（2）赔偿标准更人性化。以眼睛为例，"旧残标"只有一目或双目完全失明，才能理赔，对于低视力、视力障碍都没有支持条目。现在"新残标"对眼部的伤残等级细化到31个条目，划分了眼部伤残的各种状态，例如眼球损伤、视功能障碍、晶状体结构损伤等，赔偿额从10%到100%都有，更科学化、人性化，大大增加了意外伤残后能获得赔付的概率。

再比如，按照之前的标准，肢体只有在缺失等情况下才能得到理赔，新标准实施后，如果是手骨骨折后肢体功能受损，也在理赔范围内。

但是，如果有人在2014年以前投保了一份30年期的意外险，那对不起，"新残标"和他无缘。30年内，他的意外险还是按照"旧残标"来理赔。

第二节　怎么买意外险

同样两位建筑工在劳作，别人问他们在干什么。

一位说，我在砌砖；

一位说，我在建造大楼。

在开篇说这个，是想提醒大家对保险有一个整体概念，清楚意外险在家庭保险规划中的作用、商业保险在家庭财务规划中的作用。

我们常说，不忘初心，方得始终。考虑家庭保险前，大家先想明白：我的目标是什么？我要付出什么？想清楚这两点，决策就会容易很多。

就保障而言，我们希望借助于保险，在万一发生人身风险时，自己和家人还能保持现有的生活质量，孩子的教育发展还能按既定的规划进行。

生老病死残，第一步要考虑的人身风险有：大病、死亡（尤其是英年早逝）、残疾，在此基础上，再规划养老金补充。

很多家庭，外表看起来光鲜，但抗风险能力很低，希望把经济基础夯实一点，这是很多人添置家庭保险的出发点。

意外险，用于转移残疾的经济损失。

配置的第一要诀：保额要高，至少和寿险齐平。

因为残疾是按伤残等级，按比例赔付的。例如，9级伤残，赔付意外伤残保额的20%，100万元保额赔付下来是20万元。

一肢缺失，属于5级伤残，赔付保额60%；双目失明，属于2级伤残，赔付保额90%。所以，意外险保额建议和寿险齐平，低了的话，实在作用有限。

第二要诀：要涵盖所有意外事故，而不仅仅是交通意外。

类似于"百万任我行""安行无忧""百万护驾"之类的交通意外险，只能作为补充。汽车抛锚，下车查看被后面的车撞了，交通意外险是不赔付的。因为交通意外险，只赔在交通工具内发生意外的情况。

第三要诀：要保障所有等级的伤残，而不仅仅是身故或全残。

意外事故导致身故或全残的概率，要远远小于普通残疾。这点就看意外险保的，是意外"伤"残，还是意外"全"残，虽然只有一字之差，理赔时差别却太大了。

第四要诀：意外医疗选择可以报销医保外用药的。

没有人希望万一骨折时，还要因为费用问题，纠结用国产钢板还是进口钢板。

第五要诀：保险公司服务要好。

意外险属于高频出险的险种，服务不好的公司，很麻烦。

第六章
年金险：终身收入保障

第一节　养老逻辑正在发生巨变

2021 年，我国人口出生率为 7.52‰，创历史新低。

国家卫健委发文称，中国总人口将在"十四五"期间进入负增长阶段。

最近 10 多年来，我国人口增长速度极其缓慢，放开二孩后，出生率只上涨了一年，接下来的 4 年却连续下跌。人口出生率"断崖式"下降，叠加人均寿命不断延长，进一步加剧人口老龄化，这对我们的退休金有非常大的影响。

1. 延迟退休已经势在必行

我国采用的是现收现付的养老金制度，简单来说就是，我们现在交的社保为上一代人支付退休金，将来靠下一代人交的社保用来支付我们的退休金。

随着缴纳社保的劳动力越来越少，而领取退休金的老年人口越来越多，依靠代际转移维持运转的国家养老金系统将面临极大的兑付压力。

根据联合国的数据，我国的人口结构正在逐渐向倒金字塔结构转变。到 2050 年左右，差不多每 1.3 个年轻人就要负担一个老人的退休金，如图 6-1 所示。

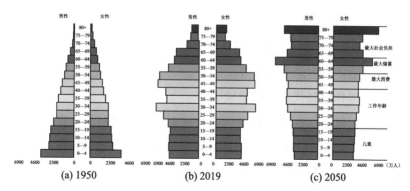

图 6-1　1950 年、2019 年和 2050 年中国的人口结构

资料来源：《关于我国人口转型的认识和应对之策》，招商证券。

延迟退休已经势在必行。

中国社科院世界社保研究中心主任郑秉文称：如果不延迟退休，社保养老金将在 2028 年首次出现赤字，此后用基金余额来填补赤字，基金余额减少到 0 的时间将是 2035 年。但即便实施了延迟退休，第一个时间点也只是从 2028 年推迟到 2034 年，第二个时间点不过从 2035 年推迟到 2042 年而已。

如果人口出生率没有大逆转，人口结构没有巨大调整，社保养老金系统面临的问题只是被延后，并没有彻底得到解决。

这意味着，将来退休年龄还有进一步延迟的可能。

在全球范围内，不乏这样的例子。

例如，日本，1998 年将法定退休年龄从 55 岁提高到了 60 岁，2013 年时又再度提高到了 65 岁。2021 年 4 月开始实施的一项法律修订案，已经呼吁企业允许员工工作到 70 岁。

再比如英国，2010 年前的法定退休年龄是男性 65 岁、女性 60 岁。2010 年至 2018 年，女性年龄上调为 65 岁，与男性持平；2020 年男性和女性退休年龄均增至 66 岁；2026 年至 2028 年期间，还要提高到 67 岁。

从目前的人口形势来看,我国的"80 后""90 后"未来什么时候退休,也是个未知数。

2. 退休金替代率可能继续下滑

银保监会原副主席黄洪曾在央视财经某访谈节目上说:"一个人退休前拿一万块钱一个月,如果退休后他拿七千块钱,那么他的养老金替代率就是 70%。

"如果不低于 70%,那么老年人的退休生活跟他在职时的生活就不会明显下降。但光靠政府是不可能的,因为政府无法承担那么高的养老金替代率。"

2000 年以前,我国的社保养老金替代率曾高于 70%,此后一路走低,目前的平均替代率已经不到 45%,低于国际警戒线 55%,如图 6-2 所示。

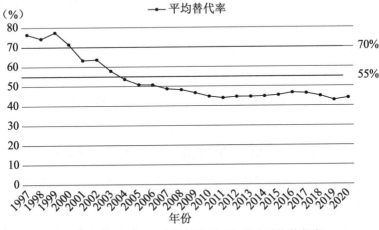

图 6-2　1997—2020 中国城镇职工养老金平均替代率

根据国际劳工组织的建议,如果养老金替代率低于 55%,退休后的生活水平将大幅下降。

如果人口结构进一步恶化，社保养老金兑付压力进一步增加，未来替代率还可能继续下滑。

3. 国家鼓励配置商业养老年金

面对这样的形势，国家除了通过延迟退休等方式缓解社保养老金的压力，也在号召大家通过商业养老年金补充养老保障。现在的年轻人，已经不可能像父辈一样光靠退休金就能体面养老了。

2017 年时，国务院办公厅就已印发《关于加快发展商业养老保险的若干意见》，推动商业养老保险成为个人和家庭商业养老保障计划的主要承担者，如图 6-3 所示。

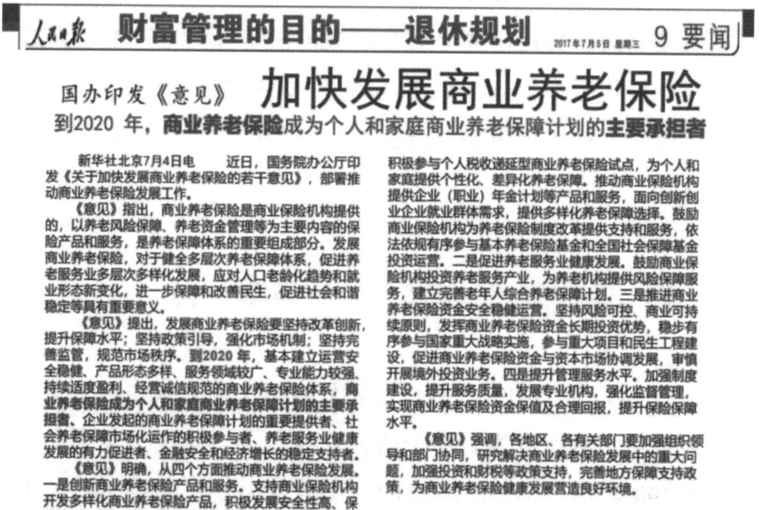

人民日报　财富管理的目的——退休规划　2017年7月5日 星期三　9 要闻

国办印发《意见》 加快发展商业养老保险

到2020 年，**商业养老保险**成为个人和家庭商业养老保障计划的**主要承担者**

新华社北京7月4日电　近日，国务院办公厅印发《关于加快发展商业养老保险的若干意见》，部署推动商业养老保险发展工作。

《意见》指出，商业养老保险是商业保险机构提供的，以养老风险保障、养老资金管理等为主要内容的保险产品和服务，是养老保障体系的重要组成部分。发展商业养老保险，对于健全多层次养老保障体系，促进养老服务业多层次多样化发展，应对人口老龄化趋势和就业形态新变化，进一步保障和改善民生，促进社会和谐稳定等具有重要意义。

《意见》提出，发展商业养老保险要坚持改革创新，提升保障水平；坚持政策引导，强化市场机制；坚持完善监管，规范市场秩序。到2020 年，基本建立运营安全稳健、产品形态多样、服务领域较广、专业能力较强、持续适度盈利、经营诚信规范的商业养老保险体系，商业养老保险成为个人和家庭商业养老保障计划的主要承担者、企业发起的商业养老保障计划的重要提供者、社会养老保障市场化运作的积极参与者、养老服务业健康发展的有力促进者、金融安全和经济增长的稳定支持者。

《意见》明确，从四个方面推动商业养老保险发展。一是创新商业养老保险产品和服务。支持商业保险机构开发多样化商业养老保险产品，积极发展安全性高、保障性强、满足长期或终身领取要求的商业养老年金保险，积极参与个人税收递延型商业养老保险试点，为个人和家庭提供个性化、差异化养老保障。推动商业保险机构提供企业（职业）年金计划等产品和服务，面向创新创业企业就业群体需求，提供多样化养老保障选择。鼓励商业保险机构为养老保险制度改革提供支持和服务，依法依规有序参与基本养老保险基金和全国社会保障基金投资运营。二是促进养老服务业健康发展。鼓励商业保险机构投资养老服务产业，为养老机构提供风险保障服务，建立完善老年人综合养老保障计划。三是推进商业养老保险资金安全稳健运营。坚持风险可控、商业可持续原则，发挥商业养老保险资金长期投资优势，稳步有序参与国家重大战略实施，参与重大项目和民生工程建设，促进商业养老保险资金与资本市场协调发展，审慎开展境外投资业务。四是提升管理服务水平。加强制度建设，提升服务质量，发展专业机构，强化监督管理，实现商业养老保险资金保值及合理回报，提升保险保障水平。

《意见》强调，各地区、各有关部门要加强组织领导和部门协同，研究解决商业养老保险发展中的重大问题，加强投资和财税等政策支持，完善地方保障支持政策，为商业养老保险健康发展营造良好环境。

图 6-3　国务院办公厅印发《关于加快发展商业养老保险的若干意见》

资料来源：人民日报。

2021 年上半年，发展包括商业养老年金在内的第三支柱养老保险，更是被写入了“十四五”规划之中，重要性和紧迫性不言而喻，如图 6-4 所示。

> 第一节 改革完善社会保险制度
>
> 健全养老保险制度体系，促进基本养老保险基金长期平衡。实现基本养老保险全国统筹，放宽灵活就业人员参保条件，实现社会保险法定人群全覆盖。完善划转国有资本充实社保基金制度，优化做强社会保障战略储备基金。完善城镇职工基本养老金合理调整机制，逐步提高城乡居民基础养老金标准。发展多层次、多支柱养老保险体系，提高企业年金覆盖率，规范发展<u>第二支柱养老保险</u>。推进失业保险、工伤保险向职业劳动者广覆盖，实现省级统筹。推进社保转移接续，完善全国统一的社会保险公共服务平台。

图 6-4 "十四五"规划第四十九章第一节

资料来源：《中华人民共和国国民经济和社会发展第十四个五年规划和2035年远景目标纲要》。

对个人来说，商业养老年金也是我们能找到的最合适的养老工具。它是社保之外唯一一种可以提供终身收入保障的工具，只要活着，就有持续不断的现金流。

而且养老年金是市面上屈指可数的刚性兑付的产品，什么时候领取，每年领多少，都写在合同里。不管将来退休年龄延迟到什么时候，不管未来市场怎样波动，都不影响养老年金的领取时间和金额。

第二节 过去 200 年的"年龄通胀"

2021 年，科学期刊《自然通讯》有论文研究表明，人类寿命的上限或可达到 150 岁。这一研究建立在来自美国、英国和俄罗斯 544 398 名不同年龄志愿者的医学数据之上。随着医疗技术进步、卫生环境和营养改善，以及相关生物科技的发展，人类会越来越临近 150 岁寿命极限，如图 6-5 所示。

第六章　年金险：终身收入保障

图 6-5　人类寿命上限或为 150 岁的报道

资料来源：新华社官方微博。

毫无疑问的是，我们的寿命将比之前任何时期都长。2019 年，全球平均预期寿命为 73 岁，而在 1950 年，是 47 岁。中国 2019 年平均预期寿命是 77.3 岁，一线城市超过 80 岁，而 1949 年，是 35 岁。几十年的时间，变化这么大。

在过去的 200 年里，由于现代医学的进步和生活方式的改变，人类预期寿命一直在以每 10 年增加两三岁的惊人速度增长，平均每一代人要比上一代人多活 6～9 年，而且这种趋势没有任何平缓的迹象。有学者称之为"年龄通胀"，如图 6-6 所示。

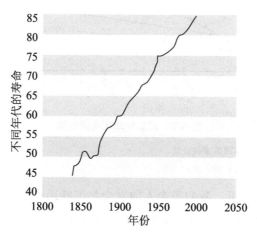

图 6-6　19 世纪 50 年代以来人类最长预期寿命变化

图片来源：《百岁人生》一书。

百岁人生不再是梦，英国伦敦商学院的经济学教授在《百岁人生》（该书入围 2016 年英国《金融时报》和麦肯锡公司年度图书奖）中写道：

如果你现在 20 岁，那么你有 50% 的概率活到 100 岁以上；

如果你现在 40 岁，你有 50% 的概率活到 95 岁；

如果你现在 60 岁，你有 50% 的概率活到 90 岁或者 90 岁以上。

事实上，我们还有可能活得比这更久，因为根据历史经验，人们一直倾向于低估未来能达到的预期寿命。例如，英国国家统计局自 1975 年以来对未来男性预期寿命的预测，始终低于实际实现的预期寿命，如图 6-7 所示。

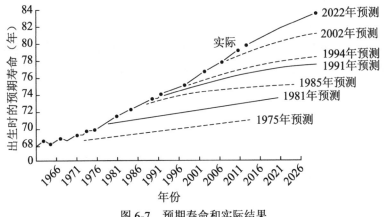

图 6-7　预期寿命和实际结果

数据来源：英国国家统计局。

图片来源：《长寿人生》一书。

长寿时代下，我们每个人的寿命都可能远超自己的预期和想象，不管对我们个人还是对国家，都带来了前所未有的养老压力。我国的社会养老保险实行现收现付制度，我们现在为上一代人支付养老金,将来靠下一代人来支付我们的养老金。

但随着寿命延长,领取养老金的人口越来越多,我们的下一代,需要同时为他们的上一代和上上代支付养老金;而与此同时,未来支付养老金的劳动力会比以往大幅减少。

据预计,中国劳动年龄人口在今后30年将减少3亿,到2050年,我国老年抚养比将达到1.3∶1,也就是说,每1.3个年轻人就要供养1个退休人员。

依靠代际转移维持运转的国家养老金系统能否持续,未来我们能拿到多少养老金,都是未知数。

如何去转移我们的长寿风险呢?也许我们可以从下面这个"寿命对赌"的故事得到一些启发。

世界上有据可查的最长寿的人是法国的让娜·卡尔芒,1997年,她以122岁零164天的高龄去世。

早在1965年时,90岁的卡尔芒曾和她的律师签了一份对赌协议,根据这份协议,律师每月付给她2500法郎,而她去世后,律师将得到她的公寓。

结果这场对赌,卡尔芒赢了。1995年,77岁的律师去世,而她还好好地活着,最终律师付给卡尔芒的所有钱,加起来已经是卡尔芒公寓价值的两倍多。

其实,消费者购买养老年金,也是和保险公司的一种对赌,说白了就是把长寿的风险转移给保险公司去承担。

真正的养老年金,是我们每活一年,保险公司就得给我们一笔养老金,保证领取20年;20年后,只要我们活着,保险公司就得一直支付养老金。在"年龄通胀"的大背景下,我们大概率是会赌赢保险公司的。因为保险公司给产品算价格的时候,会依据生命周期表，里边会涉及死亡率、平均寿命等统计数据。目前的保险产品，依据的生命周期表是基于2010—2013年的数据。当前的平均预期寿命，已超过当时定价依据的数据。

而银保监会之所以在2019年叫停预定利率4.025%的终身年金险，也是担心这样的预定利率持续一辈子，怕保险公司亏损太惨。毕竟最后给保险公司兜底的还是国家。

即便是预定利率3.5%的年金险，只要领取时间长，内部回报率也会非常高，而且是刚性兑付。我们绝大部分人太小瞧复利的威力了。

以年金险为例，33岁女性年交20万元，交10年，从65岁开始每年可以领取近30万元。

而现在按照寿命预期，33岁的人有很大的概率能活到100岁以上，意味着她的总领取额可能会超过1 064万元，是当初保费的5倍。

第三节 晚年生活质量由收入决定，而非资产

晚年生活质量，由收入决定，而不是财富总额。这是来自一位诺贝尔经济学家的忠告。他叫罗伯特·莫顿，被誉为"期权之父"，是现代金融学的开创者之一，也是哈佛大学最高级别"大学教授"。

对于养老金问题，他也非常有研究。2006年美国爆发养老金危机时，他开发了一套SmartNest养老金管理程序，被美国政府采纳。

2021年9月的一次峰会上，这位诺贝尔经济学家分享了他对于个人养老金解决方案的建议。在愈发严峻的养老形势之下，这

些建议对我们来说尤为有价值。

"从全球范围来看,居民寿命在延长,人口结构在加速老龄化,养老系统面临的挑战十分艰巨。相较以前,在养老支出方面,个人承担的部分将会变得更多",莫顿教授表示。

个人应该如何准备养老金呢?莫顿教授提出了几个关键性的原则。

1. 退休后的生活水平是由现金流决定的

莫顿教授认为,一个人退休后的生活水平并不是由财富总额决定,而是由现金流来决定的,所以养老规划的目标,不是资产积累,而是为退休以后安排好替代性收入。

"在《傲慢与偏见》中,简·奥斯汀没有说达西先生价值10万英镑,而说他每年值4 000英镑。这就是我们看待生活水平的方式。"若干年前在北大光华管理学院的一次讲座中,他就曾用一个形象的方式,强调了收入现金流的价值。

退休以后,不管是生活开支,还是医疗支出,依靠的都是现金,我们需要持续不断的收入现金流来维持生活。任何资产,权益类资产也好,房产也好,不管市场价值有多高,都无法直接"当钱花"。

新闻媒体曾报道过苏州一位老太太的遭遇。3年前,这位老太太将拆迁所得的3套房产全部给了孙女,约定孙女先把其中一套给老人居住,并且承担赡养老人的义务。然而孙女拿了房子以后,却对奶奶不闻不问,连老人生病期间的医药费也不出。

有钱不等于值钱,对老年人来说更是如此。

2. 将收入变动作为风险点,而不是回报率的波动

良好的退休目标是,退休后的生活水平与工作生涯晚期持平,所以当我们在做养老投资决策时,应该关注的风险点是退休后的收入变动，而不是回报率的波动。

很多人做养老规划时，常常纠结于收益率，对此，莫顿教授的观点是："每个人最担心的是生活水平，而不是达到那个目标的收益率分布。"

根据国际经验，退休后的收入达到退休前工资的70%（也就是养老金替代率达到70%），生活水平基本能与退休前持平。一旦低于国际警戒线55%，退休后的生活水平就会大幅下降。不过，目前我国的养老金平均替代率，已经不到45%。

这个收入的巨大落差就是莫顿教授所说的养老"风险点"。如果想要维持退休前的生活水准，就需要通过其他途径来弥补收入差额。

3.分配资产来降低退休收入风险

当我们老了，没有了工作收入，退休工资又不够用，不想钱越花越少，就只能通过投资来创造其他被动收入。

但绝大部分人年轻的时候就不是投资高手，更别说老来脑力衰退、认知能力下降。刚性兑付被打破后，投资环境的风险也在不断被放大，与此同时，我们退休后的风险承受能力却是越来越小的。

莫顿教授建议分配资产降低退休后收入风险，也就是我们所说的综合配置，用安全无风险的投资稳住养老基本盘，用高风险的投资去博取超额回报，风险可控的同时提升整体收入。

在这次演讲的最后，莫顿教授说："我们需要意识到养老其实是一个两部曲。在工作阶段我们朝着目标努力，不断积累，获取资本。真正重要的是退休阶段，在这个阶段你不再积累，取而代之的是支出你前半生的积蓄，所以完备的养老体系需要尽可能做到无缝衔接。例如,终身年金险是一个很好的选择,它会为你的后半生提供很好的保障。"

莫顿教授建议的终身年金险,也是我们一直推荐的养老年金类型。

这样的养老年金,可以为停止工作的我们提供安全、稳定、与生命等长的持续现金流,弥补退休后的收入落差。而且有了养老年金的安排,我们的其他资金可以去追求潜在的高收益,而不用担心输掉所有养老本钱。

第四节　一个人有钱≠值钱

同样是钱,形态不一样,带给人生活质量上的差别,可能是天上地下。

——题记

数年前,《南方周末》春节的时候有一个选题,是刊登记者返乡的见闻。下面分享的两个真实故事,也是笔者某一年返乡的见闻。

老家农村,坐标常州,拆迁后,大家住进城乡接合部的小区。

这次回去,又见到张老师,他依旧像弥勒笑佛的样子,逢人就笑呵呵的,依旧不认识家人。他是一位退休教师,我们那里教师的退休金还不错。

张老师80岁左右,但已经老年痴呆差不多20年了。侄儿问他:"你认得我吗?"他笑着摇摇头——"不认识"。

他戴着小孩用的电话手表(用于定位),白天经常在小区闲逛,听人聊天，看人打牌。到吃饭的点儿，老伴儿便找他回家。

张老师有一个独生子，好几年前就失业了，一直赖在家里，后来离了婚，更赖了，一直没去找工作。张老师的孙子倒很上进，今年刚大学毕业，在另外一个城市工作，经济上基本自给自足。

张老师的退休金是家里最重要的现金流，一旦这份退休金没了，老伴儿和儿子的生活都会陷入困顿中。

另一位老人家周大爷，家里拆迁，他分得了一套 80 多平方米的房子，市价 80 万元左右。周大爷的最后几年瘫痪了，我不知道到底是什么病，双腿蜷缩无法伸直，肌肉逐渐萎缩，生活无法自理，头脑有时很清楚，有时连儿子都不认识。

他虽然有一套房，但是人生最后几年却是在几平方米的卫生间度过的。浴缸上铺上木板，就是他的床。他说冬天吃的饭都是凉的，不是儿子媳妇故意给他冷饭菜，而是老家冬天很冷，零下 5 摄氏度左右，屋内没有暖气，老人吃得少吃得慢，热饭菜装到碗里，很快就凉了。

可是，如果儿子媳妇真心希望老人能活久一点，会不会关照得更细致入微一些呢？会不会中途帮他热一下饭菜，或者盛饭菜的时候用开水温一下碗？会不会给他买个轮椅，早晚推他去散散步、去人群里唠唠嗑？

如果他和张老师一样，每多活一月、一年，就有一月、一年的收入，他会不会也成为"家宝"，晚年的境遇会不会好点？或者如果张老师只是有房，没有退休金，晚年的境遇到底会怎样？

无关善恶，这是人性，久病床前难有孝子。人性有光辉高尚的一面，也有生物本能的一面：趋利避害。我们都不要忽视钱对人的激励作用，一个是只要把老人照顾得好好的，家里就每月多一份收入；一个是什么时候老人身故了，儿孙就多了一套房产继承。

同样是钱，一种是独立于人身，一种是完全依附于人本身，形态不一样，起到的激励效果和给照顾者的愿景是完全不一样的。我们能不用考验人性就不考验人性，因为人性有弱点。

这也是我们应该考虑年金险的原因。把一部分钱变成和我们的生命捆绑在一起的现金流，这样的安排，会让我们的晚年可能更幸福一些，毕竟老了我们总有一段时间得依靠他人的照料。照顾和护理是不是细致入微会直接影响到我们的生存质量。

人终有走的那天，谁也避免不了，但我们都希望在生和死之间，体验更好一些。钱，生不带来，死不带去，希望它能带来幸福，激发人性真善美的一面。

关于幸福与否的体验，有两个因素决定，一个是高峰时刻的"峰值"，一个是结束阶段的"终值"。"峰终定律"是由诺贝尔经济学奖得主丹尼尔·卡尼曼提出来的。

大家知道做肠镜，肠镜管从肛门进入肠道，一路往上检查，这个过程翻江倒海是很难受的。有一个实验，把600多位做肠镜的病人分为两组，一组是做完这个检查以后，马上就把肠镜管拔出来。另外一组就是让这个肠镜在体内多停留，过十几秒再拔出来。

结果是，这两组人对于这个检查的评价明显是第二组的人会好一些。

人一辈子很长，晚年的生活境遇会决定我们对漫漫一生的幸福感。而养老年金能够帮助我们在制度上、在资产形态的安排上，使我们的晚年生活更幸福。

第五节 "养老自由"需要多少钱

一线城市养老自由需要多少钱?

答案是 400 万元。

这是最大的上市基金管理公司——富兰克林邓普顿基金集团调查的结果,这项名为《中国内地退休入息策略及预期统计调查》里显示,中国内地一线城市平均退休目标储蓄约为 400 万元,如图 6-8 所示。

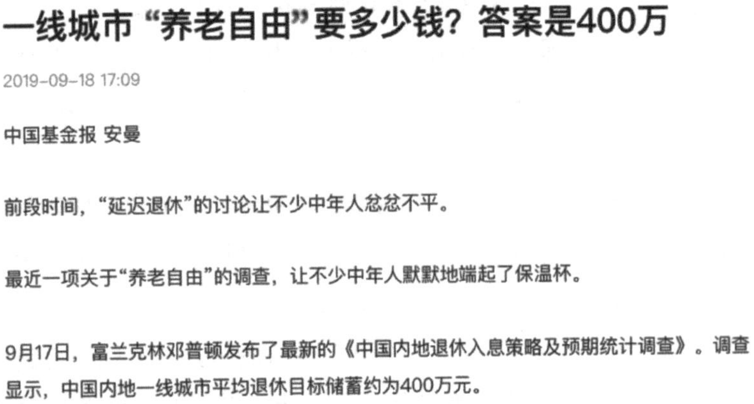

一线城市"养老自由"要多少钱?答案是400万

2019-09-18 17:09

中国基金报 安曼

前段时间,"延迟退休"的讨论让不少中年人忿忿不平。

最近一项关于"养老自由"的调查,让不少中年人默默地端起了保温杯。

9月17日,富兰克林邓普顿发布了最新的《中国内地退休入息策略及预期统计调查》。调查显示,中国内地一线城市平均退休目标储蓄约为400万元。

图 6-8 一线城市"养老自由"需要 400 万元

资料来源:《中国基金报》。

但是,很快就有媒体采访了一些人,说退休时攒够了 400 万元,还是慌啊!

为什么呢?因为不工作了,只有出,没有进,钱会越花越少。

假设 60 岁退休,一年花 20 万元,80 岁就把这笔钱花光了,坐吃山空的感觉会让人越来越焦虑。

但是通过用年金险,不用攒够 400 万元,用一半左右的钱,也就是 200 万元，就能让自己 60 岁后，每年都可以领 20 多万元，保证领取至 80 岁。80 岁后，只要活着，就可以一直领，到 95 岁，累计领取了 753.12 万元，后面生存着，一样还可以继续领。

想着自己一直有一笔源源不断的、确定的现金流，心里是不是会踏实很多？

剩下的 200 万元，做一些其他的投资，收益好，老来生活锦上添花；收益不尽如人意，有了商业年金险和社保养老金打底，基本的养老生活也是有保障的。

第六节　基金不能取代养老年金险

如果我们投资基金，连续 25 年平均年化 8%，是不是不需要养老年金了。

其实未必，投资难免有亏有赚，我们现在投资，即便有亏损，也能抗住，因为还有工作收入。如果老来没有收入，亏了，怕绷不住；赚了，想赶紧落袋为安。这样的心态患得患失，难以获得好的回报。别让老来的自己成为职业投资人——没有收入的人去投资，就是职业投资人。

但是，我们也不能光靠养老年金养老。因为没有想象空间，养老年金领取是确定的。我们想获得超额回报，还需要做一些积极的投资。

我们可以算一笔账。

假设有这样一个投资，连续 25 年每年的投资回报率如表 6-1 所示。

表 6-1 投资 25 年每年的回报率

累计年份	收益率 (%)
1	−10.14
2	−13.04
3	−23.37
4	14.62
5	2.03
6	12.40
7	27.25
8	−6.56
9	26.31
10	4.46
11	7.06
12	−1.54
13	34.77
14	20.26
15	31.01
16	26.67
17	19.53
18	26.83
19	−38.49
20	3.00
21	13.62
22	3.53
23	26.38
24	23.45
25	12.78

为了直观一点，我们用柱状图来呈现上面的数字，如图 6-9 所示。

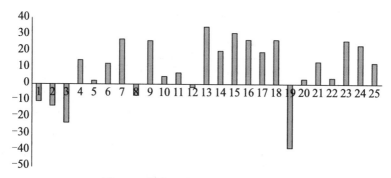

图 6-9 连续 25 年投资回报率柱状图

25 年内，6 年是亏损的，其余 19 年都是赚钱的。算一下这 25 年的平均年化投资回报率，是 8.07%。

有这样一个投资组合的收益，是不是会让大部分人很满意？

65 岁的翠花对这个回报也很满意。她工作那么多年，终于可以退休了，退休时她盘点了一下资金，有 325 万元。她不再工作了，打算每年从这笔钱里拿 5% 用于生活，即 16.25 万元。每年递增 3%，其他的钱放入这个投资里。我们看一下结果：

第 1 年初，从 325 万元里面拿出 16.25 万元用于生活，剩下 308.75 万元，这一年亏损 10.14%，年底剩下 277.4 万元；

第 2 年初，从 277.4 万元拿出 16.74 万元用于生活，剩下 260.66 万元，这一年亏损 13.04%，年底剩下 226.7 万元；

第 3 年初，从 226.7 万元拿出 17.24 万元用于生活，剩下 209.46 万元，这一年亏损 23.37%，年底剩下 160.5 万元；

第 4 年初，从 160.5 万元拿出 17.24 万元用于生活，剩下 143.26 万元，这一年盈利 14.62%，年底剩下 163.6 万元；

这时候翠花账户剩下的钱几乎是 5 年前的一半了，即便接下来几年收益率分别是 2%、12%、27%、-6.56%、26.31%，翠花账户上的钱还是不足 150 万元，如表 6-2 所示。

表 6-2 翠花的账户变化

年龄	该年投资收益率（%）	每年年初提取	每年年初的资金
64			3 250 000
65	-10.14	162 500.0	3 250 000
66	-13.04	167 375.0	2 774 427.5
67	-23.37	172 396.3	2 267 092.9
68	14.62	177 568.1	1 605 166.0
69	2.03	182 895.2	1 636 312.7
70	12.40	188 382.0	1 482 921.9
71	27.25	194 033.5	1 455 062.8
72	-6.56	199 854.5	1 604 659.8
73	26.31	205 850.1	1 312 650.0
74	4.46	212 025.6	1 397 998.9
75	7.06	218 386.4	1 238 867.7
76	-1.54	224 938.0	1 092 527.3
77	34.77	231 686.1	854 228.4
78	20.26	238 636.7	839 000.2
79	31.01	245 795.8	721 997.1
80	26.67	253 169.7	623 871.3
81	19.53	260 764.8	469 567.7
82	26.83	268 587.7	249 582.1
83	-38.49	249 582.1	0.0
84	3.00	0	
85	13.62		
86	3.53		
87	26.38		
88	23.45		

续表

年龄	该年投资收益率（%）	每年年初提取	每年年初的资金
89	12.78		
25年投资平均收益率：8.07%（复利）		总取款额：405.4万元	83岁养老金剩余：0元

大家体会一下，如果我们的养老本钱越花越少，越花越少，会是怎样的心情？

会不会越来越焦虑，压力越来越大？因为身体已经不允许我们继续去工作了，我们只能靠现有的积累生活了。

不要说我们能获得的收益率是多少，即便是能做到连续25年平均年化收益8%，依旧可能陷入老来困顿。

造成这样的局面，最大的原因是——翠花没有收入了，所以不管盈亏，她都必须要从账户里拿钱出来生活。

有没有办法避免这样的结果呢？

有。

如果时间能倒转，翠花从35岁开始，每年拿出12万元，连续10年，放入一份养老年金，她65岁开始就可以每年固定有约17万元的收入，活多久拿多久；至少保证拿到85岁，85岁以后，只要活着，还是每年领17万元，如表6-3所示。

她原本到退休有325万元，除去放入年金的120万元，剩下的205万元还是放入那个投资组合，还是65岁就开始要用16.25万元，提取额度每年还是递增3%（年金不够的部分，从投资组合里拿），我们看一下会怎样。

结果让人大吃一惊：翠花从65岁到89岁，累计花了571.8万元，89岁的时候账户里还有888万元，如表6-4所示。

表 6-3 养老年金利益演示

年度	年末年龄	年度保费（元）	累计保险(元)	身故金（元）	养老年金（元）	现金价值(元)	
1	35	120 000	120 000	120 000	0	42 515	
2	36	120 000	240 000	240 000	0	99 038	现金价值是退保能拿回的钱
3	37	120 000	360 000	360 000	0	167 100	
4	38	120 000	480 000	480 000	0	243 938	
5	39	120 000	600 000	600 000	0	326 488	
6	40	120 000	720 000	720 000	0	415 103	
7	41	120 000	840 000	840 000	0	510 160	
8	42	120 000	960 000	960 000	0	612 055	
9	43	120 000	1 080 000	1 080 000	0	721 216	
10	44	120 000	1 200 000	1 200 000	0	838 092	
11	45	0	1 200 000	1 200 000	0	883 565	
12	46	0	1 200 000	1 200 000	0	931 568	
13	47	0	1 200 000	1 200 000	0	982 260	
28	62	0	1 200 000	2 186 358	0	2 186 358	
29	63	0	1 200 000	2 305 920	0	2 305 920	
30	64	0	1 200 000	2 431 918	171 120	2 260 798	65 岁后，每年领取约 17 万元，保证领取 20 年
31	65	0	1 200 000	3 251 280	171 120	2 200 992	
32	66	0	1 200 000	3 080 160	171 120	2 138 201	
33	67	0	1 200 000	2 909 040	171 120	2 072 425	
34	68	0	1 200 000	2 737 920	171 120	2 003 690	
46	80	0	1 200 000	684 480	171 120	1 025 452	领到84岁后，累计领取了约342万元，可以根据身体状况决定是继续领还是退保，如果退，拿回约78万元
47	81	0	1 200 000	513 360	171 120	949 055	
48	82	0	1 200 000	342 240	171 120	879 821	
49	83	0	1 200 000	171 120	171 120	820 763	
50	84	0	1 200 000	0	171 120	775 852	
51	85	0	1 200 000	0	171 120	0	

表 6-4 养老年金与风险投资的组合配置

年龄	该年投资收益率（%）	养老年金（元）	从投资里提取（元）	每年年初的资金（元）
64				2 050 000
65	-10.14	171 120	0	2 050 000
66	-13.04	171 120	0	1 842 130
67	-23.37	171 120	1 276	1 601 916
68	14.62	171 120	6 448	1 226 570
69	2.03	171 120	11 775	1 398 504
70	12.40	171 120	17 262	1 414 880
71	27.25	171 120	22 913	1 570 922
72	-6.56	171 120	28 735	1 969 841
73	26.31	171 120	34 730	1 813 770
74	4.46	171 120	40 906	2 247 105
75	7.06	171 120	47 266	2 304 596
76	-1.54	171 120	53 818	2 416 697
77	34.77	171 120	60 566	2 326 491
78	20.26	171 120	67 517	3 053 787
79	31.01	171 120	74 676	3 591 288
80	26.67	171 120	82 050	4 607 114
81	19.53	171 120	89 645	5 731 898
82	26.83	171 120	97 468	6 744 186
83	-38.49	171 120	78 462	8 430 033
84	3.00	171 120	94 706	5 137 051
85	13.62	171 120	98 440	5 193 615
86	3.53	171 120	102 174	5 789 138
87	26.38	171 120	105 909	5 887 714
88	23.45	171 120	109 643	7 307 045
89	12.78	171 120	113 377	8 885 193
25 年投资平均收益率：8.07%（复利）		到 89 岁一共花了：571.8 万元		89 岁养老金剩余：888 万元

同样是 325 万元，全部去投资，即便选到一个连续 25 年平均年化 8% 收益的理财，翠花还是在 83 岁破产了；换个处理方式，1/3 放入养老年金，2/3 去投资，组合下来，到 89 岁翠花一共花了约 572 万元，还剩 888 万元。她是一个富足、安详的老太太。

这就是综合配置的效果。

有人担心养老年金能不能跑赢通胀？可是，什么能一定跑赢通胀呢？基金、股票一定可以吗？搞不好不要说跑赢，本金都可能有亏损。

非要算回报的话，所有稳健型的投资，如果回报低于通胀，就是跑不赢的。但我们不能把所有钱都拿去冒风险。养老年金能让我们晚年有固定的、确定的、持续终身的收入。这样的资产形态，没有其他产品能够取代。而有了养老年金的安排，我们的其他资金可以追求潜在的高收益。

就像我们不能指望孩子吃哪一种食物能长身体，我们也不能指望哪一种投资一定能跑赢通胀。但是，我们可以通过综合配置，在风险可控的前提下，去争取尽量高的收益。

当然，我们也不建议把全部资金放养老年金，毕竟它没有想象空间，我们通过养老年金把自己的晚年的基本盘把控好后，也一定要做一些其他的投资。

养老年金，是年轻的自己给老来的自己种的一棵"摇钱树"。

美国财政部曾建议，美国人至少应该把他们一半的退休储蓄转化成年金。这样的安排不要等到退休时做，投保年金的年龄越晚，需要投入的资金越多。

翠花到 83 岁已经无法翻盘了，而我们还可以及早准备。

第七节　力有余，要给父母买养老年金

养老年金险是可以逐年领取，活一年领一年，活多久，领多久的。年轻人做好自己的保障后，如果有余力，也可以给父母投保养老年金险，主要是基于三个方面考虑。

（1）给他们一份踏实感。父母不易，很多人真的是最大化压缩了自己的物质需求来培养孩子。虽然我们也可以每月转给父母生活费，但是寄希望于子女和自己有源源不断的收入，总是两回事，背后的踏实感、安定感也是不一样的。

（2）让他们少一份压力。传统中国式的父母，从来都是先考虑子女。很多父母年龄越大，越有一种在"经济上拖累子女"的歉意。而这样的想法，对健康很不利。

（3）令他们更有动力和积极性保重身体，争取多活几年，多"赚"几年保险公司的钱。调查结果表明，购买养老保险的群体，比没买的人活得长久，而这并不是因为购买养老保险的人本身就更健康。有证据表明，养老保险提供的涓涓细流般的稳定收入，使这些老人多了那么一点点动机——要努力活得更久一点。

这个结论出自《魔鬼经济学》这本书。这是一本以经济学的方式来探索解释日常事务背后运转逻辑的书，是大众经济学的经典著作。作者之一是美国知名的经济学家史蒂芬·列维特。

我们固然可以每月给父母转账，但是养老年金的这三个功能，是花钱也买不来的，保健品也不见得能有这样的作用。

改变一下钱的形态，带来的积极影响，是不应该被忽视的。

以给 60 岁的男性投保为例，如果每年交保费 26 万元，交 3 年，65 岁后每年领取养老金 56 160 元，到老人 85 岁时，累计领取了约 118 万元，如果退保，还可以拿回约 25 万元；如果身体好，可以继续领取至终身。

第七章
增额寿险：对抗利率下行

第一节　负利率时代我们该怎么办

2020 年，我国首次发行负利率的主权债券，发行收益率为 -0.152%，结果被国外投资者抢购，国际投资者订单规模为发行量的 4.5 倍。

这些投资者可不像买买买的"中国大妈"，都是有头有脸的，涵盖央行、主权基金、超主权类及养老金、资管和银行等。这次发行时间全程仅用了两天半，比"双 11"时间都短。为什么会出现这样的情况呢？

一方面是看好中国经济前景，对中国主权信用比较有信心；另一方面，还是因为利率持续下行的趋势。

（1）利率下行是大势所趋，是经济发展的规律。

（2）对于大多数人来说，因为投资期间短，像温水里面被煮的青蛙，没有意识到这一点。还好有余额宝的存在，稍微启发了国人的理财意识。

余额宝收益率，2014 年时最高曾逼近 7%，2017 年还有 4% 以上，到了 2021 年，只有 2% 左右了，如图 7-1 所示。

不止余额宝，信托、银行理财、债券等收益都在跌。

从 2014 年回报率 18% 的 P2P，到 2019 年的招行钱端事件，收益降到 5%，然而还是会爆雷。

银行理财收益率 2014 年为 8%，现在不到 4%。

2020 年工商银行代销的 40 亿资管产品，年化 4.1%，100 万起投,PR3(风险等级适中),期限为6个月,居然也爆雷……

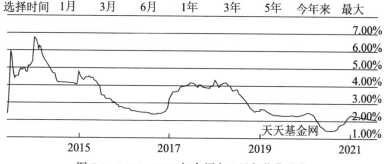

图 7-1　2014—2021 年余额宝 7 日年化收益率

资料来源:天天基金网。

除了理财外,基本无风险的一年期银行存款利率和保险产品预定利率也是一降再降,如图 7-2 所示。

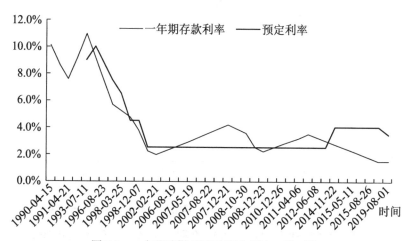

图 7-2　一年期存款利率和预定利率一降再降

资料来源:Wind信达证券研发中心。

1993 年银行一年期定期存款利率可以达到 10.98%,寿险产品预定利率在 9% 左右。

而现在保险产品预定利率是终身 3.5%，银行一年期定期存款利率在 1.65%。

为什么说我国的利率还会进一步下降？美国人霍默的《利率史》一书引用了奥地利经济学家庞巴维克的一句话：

利率是一个国家文化水平的反应：一个民族的智力和道德力量越强大，其利率水平越低下。

利率的降低和 GDP 增速放缓大体一致。

以下是几个发达国家 1986—2016 年的平均经济增长曲线和自然利率，几乎重合，如图 7-3 所示。

图 7-3 美国、加拿大、欧元区和英国利率走势和经济增长走势

我们觉得把钱存银行，银行给利息不该是天经地义的吗？但是大家可能不知道的是，在很多发达国家，你把钱存进银行还要倒贴给银行钱，也就是说实际利率是负的。

2012 年，丹麦实施负利率政策；

第七章 增额寿险:对抗利率下行

2014年,欧元区实施负利率政策;

2015年,瑞士、瑞典进入负利率时代;

2016年,日本实施负利率政策;

……

当中国经济体越成熟,利率也可能会和这些发达国家一样减至为0,乃至是负,如图7-4所示。

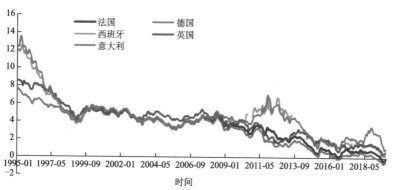

图7-4 欧洲主要经济体10年国债收益率走势(%)

资料来源:Wind,海通证研究所。

利率下行,我们应该怎么做呢?

不是因为我想赚钱,我只是不想在这种环境中投资。

——索罗斯的前首席顾问德拉克米勒

德拉克米勒曾经管理杜肯资本,从来没有一个年度亏损过,1986—2010年,平均年回报30%。然而这位全球最成功的宏观对冲基金经理之一,也在全球经济放缓的情况下,用脚投票买入了大量美国国债。

无独有偶，2019 年我国地方债被疯抢：3 月份浙江 14 亿元地方债 10 分钟被抢光，山东 4.5 亿元地方债不到 3 小时被抢光，4 月份北京 68 亿元地方债一天抢空。而这些地方债，10 年期的收益都不过 3% 出头。

其实，在国债和地方债之外我们还有其他选择：年金险和增额寿险可以锁定终身的复利率 3.5% 左右。

目前储蓄类保险的预定利率，是 3.5% 或 4.025%。保险的预定利率是复利的概念。

单利和复利有什么区别呢？我们以 100 万元本金为例：

按 3.5% 复利 40 年，100 万元变成 392 万元。

按 7% 单利 40 年，100 万元变成 380 万元。

所以，在央视财经频道上，当主持人问到低利率时代的投资建议时，时任上投摩根基金投资总监的侯明甫建议早点去买储蓄险。

除了锁定利率之外，储蓄类保险还有特别好的资产保全作用，有一定的隔离税务、债务、诉讼功能，有定向传承、养老等功能，因为它们在属性上是寿险。

第二节　存款降息，有什么深远影响

2020 年 12 月 14 日，工、农、中、建、交、邮储六家国有银行发布公告称，自 2021 年 1 月 1 日起，采用提前支取靠档计息的产品，计息规则将调整为：提前支取按活期存款挂牌利率计息。

12 月 18 日，蚂蚁集团下架了互联网存款产品。接着，腾讯理财通、京东金融、度小满金融、陆金所、携程金融、天星金融等十几家互联网金融平台纷纷跟进，随后更多的平台下架互联网存款产品。

这意味着，存款利息降了。

从 2019 年开始，经济增长放缓，全球掀起降息潮，2020 年新冠肺炎疫情更是让很多国家经济停摆，能降息的国家进一步降息。

中国从 2020 年 9 月开始，几次降息都是"单边降息"——只降贷款利率，不降存款利率。现在，已经实质上降低存款利率了。

1. 存款降息的直接影响

先说靠档计息。假如有人两年前在某银行买了 20 万元的大额存单，期限是 3 年，年利率是 4.2%。存满 2 年后，需要提前支取。以前的话，银行一般会"靠档计息"，按照 2 年期大额存单来支付利息。假设 2 年期的年利率为 2.8%，那么利息是：

$20 \times 2.8\% \times 2 = 1.12$（万元）

现在取消了"靠档计息"的政策，提前一年支取，只能按照活期存款利率来计息（假设是 0.35%），利息只有：

$20 \times 0.35\% \times 2 = 1\,400$（元）

收益一下子少了近一万元。

而互联网存款产品均为定期，以 3 年、5 年期为主。收益高的时候，1 年期利率有 2.25%，3 年期 4.125%、5 年期 4.875%。吸储能力有限的中小型银行，依托平台，借助于高息吸储。现在，这些产品都被监管叫停了。

你们发现了吗？我们能无风险存钱的地方越来越少了，收益也越来越低了。这样的时代巨变，会影响绝大部分人。

2. 这两类人受影响最大

（1）老人。养老本钱放哪里？银行理财，收益持续走低；存款的话，利息实在低；基金、股票，风险高，即便投，也只能投小部分。

人人都会变老，现在和未来的老人都要面临这些问题。无风险固定收益的下降，是把老人抛下车。因为老人大部分是靠固定收益生活的。

（2）稳健风格的理财人士，有工薪之家，也有中等收入之家。工薪之家资金有限、能承受的风险有限、投资渠道也有限，所以以往存款类产品是工薪人士理财的首选，现在这个渠道基本没有了。

城市中等收入之家的话，投资会分散一些，例如房产、股市、基金、大额存单、互联网储蓄。现在，互联网储蓄和靠档计息被取消后，保守投资的部分少了，如果资金全部放入房产、股市、基金，要么灵活性差，要么风险和波动大。

建议大家多关注一下储蓄类保险。对于中长期的投资，可以选择年金险和增额寿险。

例如，给孩子上大学的钱，可以选择考虑年金险。

如果选择大额存单，哪怕利息 3.8%：

第一年存 10 万元，15 年后到期，利息是

$10 \times 3.8\% \times 15 = 57\,000$（元）

第二年存 10 万元，14 年后到期，利息是

$10 \times 3.8\% \times 14 = 53\,200$（元）

第三年存 10 万元，13 年后到期，利息是

$10 \times 3.8\% \times 13 = 49\,400$（元）

连本带息：

$300\,000 + 57\,000 + 53\,200 + 49\,400 = 45.96$（万元）

第七章 增额寿险：对抗利率下行

如果是把这 30 万元投入保单，15 年到期，累计领取 50.3 万元。

问题是，现在大额存单三五年后也就到期了，到时大额存单利息会再降。而上面这类保险可以持续 15 年。

如果希望长期持有，可以选择增额终身寿险。增额寿险的现金价值，是随时可以提取或部分提取的钱。

在存款渠道日渐稀少的背景下，储蓄类保单逐渐受到大家的青睐，《证券日报》就曾报道，增额终身寿险走俏，部分银行理财经理"改口"推荐保险。

即便对于想进入股市和基金的朋友来说，这类固定收益的产品，也可以作为投资理财配置中平衡风险的一部分。例如，这样的一份增额寿险，3 年交，满 5 年后回本（现金价值等于总保费，可以理解为锁定期 5 年，如果急用，可以现金价值贷款），此后终身就只有上行的收益，而没有下行的风险，如表 7-1 所示。

表 7-1 增额终身寿险演示利率表

保险单年度末年龄	当年度保险费	累计保险费	现金价值
1	333 000	333 000	174 852
2	333 000	666 000	467 685
3	333 000	999 000	903 399
4	0	0	953 066
5	0	0	1 005 470
6	0	0	1 060 758
7	0	0	1 119 086
8	0	0	1 180 622
9	0	0	1 221 927
10	0	0	1 264 681
11	0	0	1 308 926

续表

保险单年度末年龄	当年度保险费	累计保险费	现金价值
12	0	0	1 354 724
13	0	0	1 402 123
14	0	0	1 451 177
15	0	0	1 501 953
20	0	0	1 783 738
30	0	0	2 515 818
40	0	0	3 548 348
50	0	0	5 004 617
60	0	0	7 058 521
70	0	0	9 955 278
80	0	0	14 040 602
90	0	0	19 801 276

第三节 普通人更需要储蓄型保险

储蓄型保险是有钱人的专属吗？不是，普通人更需要。

储蓄型保险，以终身年金险、增额寿险为代表，从属性上说它们都是人寿保单。它们还有个共性就是，如果选择非分红型的产品，可以锁定终身利率，而且是刚性兑付——这是在资产新规下，屈指可数的。你几乎找不到其他敢把固定生存金写进合同并保证领取终身的金融产品。

这两年全球经济放缓，各国掀起降息潮。新冠肺炎疫情更是加速了利率下行，中国的利率也呈明显的下降趋势。2019 年底，中国人民银行原行长周小川在创新经济论坛上表示，实际上我们中国还是可以尽量避免快速地进入这个负利率时代，如果能够管理好微观货币政策，可以不用那么依赖非常规的货币政策。

这本来是一句提气的话，无奈不经意之间却流露出另一重意思。只是"尽量避免"，避免"快速进入"，形势强于人。

而储蓄型保险有锁定终身利率的作用，在国内外都是经得起考验的金融工具。美联储前主席本·伯南克在任期间，可以说是全世界金融界最有影响力的人。

本·伯南克必须披露个人投资，才能够担任美联储主席。公开披露的信息表明，他持有的股票和债券比例相对较低，而他的年金是最大的两笔重仓投资。

> 我们有生之年都看不到美国的利率还能回到4%。
>
> ——美联储前主席本·伯南克

中国自2019年以来，可以说进入了储蓄型保险的爆发期，海量的人投保，海量的资金流入。但是，为什么一般人更需要这类保险呢？理由如下。

1. 消费诱惑太多

这几年有人鼓吹：储蓄是穷人思维，消费才是富人思维。恰恰相反，买买买是让人很舒服的事情，不需要鼓励；而储蓄却需要自律，需要延迟满足，这绝对是富人思维。

有人说钱会贬值，货币的购买力下降是不争的事实。问题是，我们现在有100元，存下来，后年这100元购买力可能只有80元，但是你如果花掉了，100元就变成了0。80元比0多很多！

商家有太多的噱头鼓励消费：双11、双12、京东6·18、圣诞打折季、新年季、情人节、不断更新迭代的手机……你的定力真的足够强大吗？有多少钱变成了衣柜里、鞋柜里现在遭你嫌弃的衣服、鞋子？网上晒出的支付宝账单上，有人一年能花掉一套小城市房子的钱。

理性消费，节省无谓的开支。

2. 积少成多，积沙成塔

金融领域有一个名词——拿铁因子，是由作家兼金融顾问大卫·巴赫首先提出的，这源于一个故事。

一对夫妻，每天早上必定要喝一杯拿铁咖啡，然而看似很小的花费，30年累积下来竟达到了70万元。

"拿铁因子"泛指人们生活中不必要的经常性支出，例如，每早一杯咖啡、午饭后的一杯奶茶或者一份甜品、上网时买的各种打折促销商品、付了钱却未使用完的健身卡……

这些支出看似不起眼，日积月累下来，数目不可小觑。有时候决定财富积累的不是某一项大的收入，而是很多我们不注意的细节。

收入 - 支出 = 储蓄

这是绝大多数人的消费观，无规划的支出，常常让我们变成"月光族"，而储蓄寥寥无几。换个次序：

收入 - 储蓄 = 支出

我们将支出和储蓄调换顺序，有收入后，强制自己先储蓄再消费，可以避免很多不必要的非理性消费。

我们"想要"的很多，"需要"的其实很少。

3. 普通人投资渠道少，能承受的风险小

破产中年女子的爆款文章《中年人的风平浪静，只能靠命》一天内阅读量达10万以上。女主角省吃俭用，4年来坚持把工资

存到招商银行引入的App"钱端"里面做理财,她不贪心,买的都是5%年回报的、自以为低风险的产品。

可突然间,她和她妈存在里面的86万元,一下子不翼而飞了!原来她们一直投的所谓稳健理财,是一个P2P产品。而这86万元是她和妈妈所有的积蓄。

对我们绝大部分人来说,能选择的投资渠道少,陷阱多,能承担的风险小。现在是这样,将来随着年龄越大,心态越保守,知识越固化,越是这样。

即便对于中等收入之家,情况也好不到哪里去。因为这些人可以说是社会上活得最累的一群人,不管是大人还是他们的孩子——向下的通道随时打开,但保持现状,或者稍微再向上一点儿,则会耗费他们几乎全部的时间和精力,难有余力顾及其他。

储蓄型保险对于他们而言,最大的好处是巩固了他们的劳动果实,以及作为家庭综合理财的一部分,平滑投资风险。

4. 避免老来被扔下车

巴菲特的黄金搭档查理·芒格曾经说过:"宏观是我们必须要接受的,而微观才是我们能有所作为的。"

对于我们来说,必须要接受的宏观,一是开篇就提到的利率下行大趋势,它会改变整个财富逻辑和很多行业;更大的趋势是人口的老龄化。人越来越长寿,每过四五年,平均预期寿命会增加1岁。我们都有可能活到100岁,这是当今医疗界的通识。

利率下行,叠加老龄化,容易导致贫富分化越来越厉害。

老人更多的是依靠存款生活的。而利率持续下行,后果就是老人被扔下车。美联储前主席本·伯南克曾说:

"我是主席的时候,不止一位立法者在指控我和同事们,'把老人们扔下公共汽车'，这是一位参议员的原话。立法者们当时关心的是已退休人士只靠存款来生存，而低利率意味着他们只有非常低的收入回报。"

如果不想自己辛苦一世，老来还被扔下车，建议尽早上车——用储蓄型保险锁定当下还算不错的利率。就像 20 年前，有人选择预定利率 9% 左右的储蓄险一样。

储蓄型保险一直会有，但是预定利率高的没有了。银保监会 2019 年 8 月 30 日发文，以后不会再批准预定利率 4.025% 的终身年金险，现在的储蓄险预定利率最高 3.5%。将来无风险利率持续下行，预定利率大概也会再下降。

第八章
挑保险的三个维度:公司、产品、人

第一节　解读国家 608 亿元接管安邦保险

中国保险保障基金最近一次大规模的动用，是 2018 年 4 月——中国保险保障基金向安邦保险集团增资 608.04 亿元。增资后，安邦注册资本维持 619 亿元不变。

从 2018 年 2 月 23 日安邦人寿被保监会接管，到 608 亿巨资注入，给全国人民上了一堂保险科普课。如果我们能读懂背后的逻辑，每年至少可以节省 30% 的保费。

1. 安邦为什么会被保监会接管

保监会公示的原因是"鉴于安邦集团存在违反保险法规定的经营行为，可能严重危及公司偿付能力"，监管"为保持安邦集团照常经营，保护保险消费者合法权益"。

背后的法律依据是《保险法》第 144 条：

保险公司有下列情形之一的，国务院保险监督管理机构可以对其实行接管：

（一）公司的偿付能力严重不足的；

（二）违反本法规定，损害社会公共利益，可能严重危及或已经严重危及公司的偿付能力的。

根据保监会的公告，"从接管开始之日起，安邦集团股东大会、董事会、监事会停止履行职责，相关职能全部由接管工作组承担；接管工作组组长行使公司法定代表人职责，接管工作组行使安邦集团经营管理权。"由此可以看到，接管工作组拥有安邦的所有职权。

接管 1 个多月后，接管工作组发现安邦的部分股东在筹建和增资过程中，存在使用非自有资金出资、编制提供虚假材料等行为。这严重影响到安邦的偿付能力，于是才有了保险保障基金 608 亿元巨资的注入。

为什么要输血 608 亿元？因为 2014 年安邦号称的注册资本就达到 619 亿元。为了让它的注册资本是实缴货币资本，保险保障基金才不得不巨资注入，由此可见，安邦注册资本的窟窿有多大！

2. 保险保障基金是何方神圣

通俗地讲，中国的所有保险公司都必须交一部分钱，汇聚在一起，成为保险保障基金。保险公司收的保费越多，承担的风险越大，要交的钱就越多。这笔钱由一家叫作"中国保险保障基金有限责任公司"的机构打理，如图 8-1 所示。

图 8-1　中国保险保障基金有限责任公司官网

这家公司是国有独资，所以注资后，这家国有公司是安邦的绝对控股股东。

什么情况下要动用到保险保障基金？《保险保障基金管理办法》第 16 条规定了两种情况，如图 8-2 所示。

（1）保险公司被撤销或破产，没法偿付客户保单利益；

（2）保险公司存在重大风险，可能严重危及稳定。

第四章 保险保障基金的使用

第十六条 有下列情形之一的,可以动用保险保障基金:
（一）保险公司被依法撤销或者依法实施破产,其清算财产不足以偿付保单利益的;
（二）中国保监会经商有关部门认定,保险公司存在重大风险,可能严重危及社会公共利益和金融稳定的。

图 8-2 　《保险保障基金管理办法》第四章第 16 条

安邦属于第二种情况。

不过,我们也不用担心保险保障基金就这样腰斩一半了。根据公告,它只是临时性、阶段性持股安邦。下一步,保险保障基金会有序转让安邦股权,引入其他投资方,参与安邦的股权重组,保持其民营性质不变。安邦股权重组后,这 608 亿元及其回报会回到保险保障基金。

目前保险保障基金有多少钱?截至 2021 年 12 月 31 日,是 1829.98 亿元。

3.买保险不用纠结保险公司大小

大家可以想想,如果安邦不是一家保险公司,结果会怎样?怕是万劫不复了。所以,我们考虑自家的保险方案时,无须纠结大公司还是小公司、盈利还是亏本、破不破产之类的问题。

消费者这些担忧的实质,是担心万一出了事,保险公司赔不起。所以,宁愿多花 30% 左右的保费,也要买某些保险公司的产品。别吃这哑巴亏,偿付能力这根红线,由银保监会一直牢牢盯着呢。

回归本源,保险公司服务好不好、产品是不是符合我们的需求、核保结果是不是最有利,才是大家选择保险时应该考虑的。

借着安邦这事儿,我们也可以看到,保险公司要破产,很难。即使破产,根据《保险法》第 92 条,会有其他保险公司接手所有保单，如果没有自愿接手的，保监会强行指定，而且还有保险保障基金托底，保险公司撤销或破产的话，可以用于偿付客户保单利益，如图8-3所示。

> 第九十二条　经营有人寿保险业务的保险公司被依法撤销或者被依法宣告破产的，其持有人人寿保险合同及责任准备金，必须转让给其他经营有人寿保险业务的保险公司；不能同其他保险公司达成转让协议的，由国务院保险监督管理机构指定经营有人寿保险业务的保险公司接受转让。
>
> 转让或者由国务院保险监督管理机构指定接受转让前款规定的人寿保险合同及责任准备金的，应当维护被保险人、受益人的合法权益。

图8-3　《保险法》第九十二条

所以，消费者就不要买一份保险，还操着监管的心了。

第二节　"小"保险公司其实并不小

提起保险公司，我们会想到哪几家？

平安、中国人寿。

有的人可能咬咬牙，还能再想出几家，太平洋、太平、新华、友邦。然后就没有了。

其实中国的保险公司非常多。根据保险行业协会的数据，截至2022年6月，中国内地的人身险公司一共有93家，财险公司是86家，保险集团13家，累计192家，如图8-4所示。

图 8-4 中国保险机构数量

资料来源：中国保险行业协会官方网站。

也就是说，消费者选择保险时，能选择的保险公司有 192 家。

很多保险公司大家没听过，不是人家小，只是他们广告投入和分支机构少。有些公司的服务对象主要是企业，就更加不容易被一般消费者知道了。

接下来就给大家介绍几家知名度不高，但是实力非常强的保险公司。之所以要介绍它们，是希望打破信息不对称，让消费者在选择保险时，有更大的选择范围。

赚钱不易，生命可贵，你值得拥有更好的保险！

安盛（AXA）

安盛保险集团总部在法国，是全球最大的保险集团之一，也是全球最顶尖的健康险供应商，2020 年位列《财富》世界 500 强第 34 位。大家都知道的两个法国品牌卡地亚、迪奥，其实排在安盛之后。

安盛在中国持股的公司有两家，分别是安盛天平、工银安盛。

安盛天平成立于 2004 年,注册资本是 8.4 亿元,原来是安盛和天平财险的合资公司。2019 年,天平的股份已经被安盛全部收购,如图 8-5 所示。

图 8-5 安盛保险股东概况

2021 年第一季度安盛天平的综合偿付能力充足率是 229.23%,2020 年第三、四季度的风险综合评级为 A。

工银安盛人寿保险公司,注册资金 125 亿元,股东背景非常亮眼,如图 8-6 所示。

- 中国工商银行:全球第一大银行,一年的利润是中国互联网三巨头总和的两倍。
- 安盛保险集团:全球最大的保险集团,上面说过。
- 五矿集团:名字听着虽有点土,却是名副其实的土豪,是全球最大、最强的冶金建设运营服务商,由中央直接管理,旗下拥有 8 家上市公司,2020 年《财富》世界 500 强排名第 92 名。

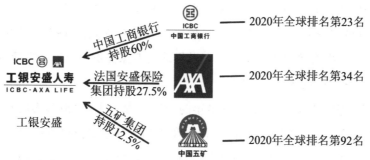

图 8-6 工银安盛股东概况

工银安盛人寿 2021 年第一季度的综合偿付能力充足率是 179%。

保柏（BUPA）

保柏不是一家保险公司，而是国际医疗健康集团。

之所以介绍它，是因为它家的医疗险被誉为"医疗险界的爱马仕"，是高净值人士投保医疗险的首选。赴美生子的话，保柏医疗险中的"精英计划"是首选。

保柏集团概况：保柏是一家国际医疗健康集团，拥有超过 70 年的历史，在全球的员工超过 84 000 人。保柏没有股东，以客户为本，将利润全数用于为现在和未来的客户提供更丰富、更优质的医疗健康服务。保柏超过 70% 的业务来自健康保险，接近 80% 的业务来自以外的市场。

业务：健康保险是核心业务，收入占总收入的 72%。医疗机构占总收入的 20%，养老中心收入占总收入的 8%。

客户：健康保险客户 1 790 万名，医疗机构客户 1 360 万名，养老中心客户 2 万名。

市场：2020 年收入 121 亿英镑，营业利润 3.88 亿英镑。

资源：148 万家医疗服务机构；超 86 000 名员工；370 多家保柏医疗保健中心；22 家保柏医院；510 多家保柏护理设施；1 000 多家保柏牙科诊所；医疗服务覆盖全球超过 190 个国家和地区，拥有第二诊疗意见，有世界顶尖专家提供第三方医疗建议，专家委员会提供独立报告。

保柏成立至今已有 70 多年的历史，为全球 2 000 多万客户提供服务。因为它不是保险公司，在中国依托永诚财产保险公司出单。永诚财险成立于 2004 年，注册资本 21.7 亿元，实际控制人

第八章 挑保险的三个维度：公司、产品、人

是中国华能集团有限公司，如图8-7所示。

图8-7 永诚财险股东概况

中国华能集团以经营电力产业为主，是我国最大的发电集团之一，由中央管理，2020年《财富》世界500强第266名。2020年第四季度永诚财险的综合偿付能力充足率是192%。

史带财险（Starr）

史带财险是史带集团的成员公司，如图8-8所示。

图8-8 史带财险股东概况

史带集团成立于1950年，目前是全球领先的国际保险和投资机构，如图8-9所示。服务网点遍布五大洲，提供意外健康险、财产险、责任险及一系列特殊保险，除此之外还拥有非常厉害的全球紧急救援服务，覆盖197个国家，可以为全球的旅行者提供服务，包括紧急回国、安排直系亲属探访、法律援助、住院安排等，24小时无休服务。

史带财险的部分境外旅游险，可以做到医疗直付，就是史带财险直接和当地医疗机构结算费用，不需要客户付款、走报销流程。

155

■ 史带的历史

图 8-9　史带的历史

2021 年第一季度史带财险的综合偿付能力充足率是 224.9%。

美亚财险

美亚是美国 AIG 保险集团在中国经营财产保险的独资子公司，如图 8-10 所示。

AIG 保险集团是谁？全球"大而不能倒"的保险公司之一。所谓的大而不能倒，是指企业一旦倒闭，引发的连锁反应将给社会带来巨大的灾难，因此政府会不惜斥入巨资挽救。

AIG 保险集团服务遍及全球 80 多个国家和地区，87% 的世界 500 强企业是 AIG 保险集团的客户。2020 年世界 500 强排名第 231 名。

图 8-10　美亚财险股东概况

2021 年第一季度美亚财险的综合偿付能力充足率是 269.33%。

中意人寿

中意人寿，成立于 2002 年，注册资本是 37 亿元，管理总资产 700 亿元，中方股东是中石油，外方股东是意大利忠利保险集团，如图 8-11 所示。

图 8-11　中意人寿股东概况

中国石油，就不用多介绍了，赫赫有名，多次位列《财富》世界 500 强企业前 10 名，2020 年营业额 4 146 亿美元。

忠利保险集团是欧洲第三大寿险公司，距今差不多有 200 年的历史，业务遍布全球 50 多个国家，客户有 6 100 万。2020 年《财富》世界 500 强排名第 66 位。欧洲不少地方的大街小巷，都有忠利的标识。

中意人寿 2021 年第一季度的综合偿付能力充足率是 194%。

中英人寿

中英人寿成立于 2002 年，注册资本 29.5 亿元，由中粮集团和英杰华集团合资组建而成，如图 8-12 所示。

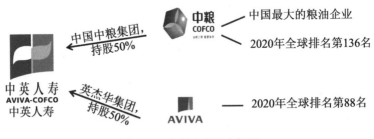

图 8-12　中英人寿股东概况

中粮集团成立于 1949 年，是中国最大的粮油企业，为全球 1/4 的人提供粮食，2020 年的营业收入超 5 000 亿元，位列《财富》世界 500 强企业第 136 名。

英杰华保险集团是世界第六大保险集团，距今已经有 300 多年的历史，位列 2020 年《财富》世界 500 强第 88 名。英杰华理赔过泰坦尼克号海难，也曾为牛顿、丘吉尔、肯尼迪家族等众多名人提供保障。

中英人寿有一个过人之处在于，其就医的绿通服务是承诺时效的：3 个工作日约专家门诊，5 个工作日约专家床位，7 个工作日约专家手术。

2021 年第一季度中英人寿的综合偿付能力充足率是 255.2%。

同方全球

同方全球人寿成立于 2003 年，注册资本 24 亿元，由荷兰全球人寿保险国际有限公司和同方股份有限公司共同组建,如图 8-13 所示。

图 8-13　同方全球人寿股东概况

荷兰全球人寿保险国际有限公司是世界最大的人寿保险集团之一,也是十家"大而不能倒"的保险公司之一。成立至今已经有 100 多年的历史,服务的客户在全球超过 2 000 多万。2020 年《财富》世界 500 强排名第 124 位。

同方股份有限公司,中国知名的科技公司之一,由清华大学出资成立,拥有海外专利 5 000 多项,曾斩获"国家高新技术企业""中国电子信息行业创新能力五十强企业""中国企业信用 100 强"等多项荣誉。

2021 年同方全球的综合偿付能力充足率是 225%。

光大永明

光大永明人寿成立于 2002 年,注册资本 54 亿元人民币,目前最大的股东是中国光大集团和加拿大永明人寿保险,如图 8-14 所示。

中国光大集团是我国大型综合金融控股集团,由我国财政部和中央汇金投资公司发起设立的,2020 年《财富》排行榜第 253 名,员工人数超 10 万人。

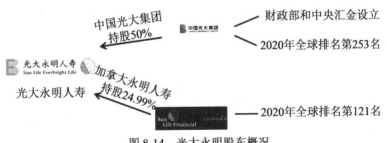

图 8-14　光大永明股东概况

加拿大永明人寿保险,为加拿大永明金融的全资子公司,永明金融是全球最大的金融服务公司之一,业务遍布英国、美国、印度等多个国家,成立于 1865 年,至今已有 150 多年的历史。2020 年《财富》排行榜第 418 位。

2021 年第一季度光大永明的综合偿付能力充足率是 233.58%。

瑞泰人寿

瑞泰人寿成立于 2004 年,注册资本 18.71 亿元,国家能源集团和耆卫人寿各控股 50%,如图 8-15 所示。

图 8-15　瑞泰人寿股东概况

国家能源集团是由国电集团和神华集团重组合并的中央骨干企业,是全球最大的煤炭生产公司、火力发电公司、风力发电公司和煤制油、煤化工公司。现有资产总额 17 881 亿元,员工 36.1 万名。

耆卫人寿保险（南非）有限公司，为耆卫集团所属的全资子公司，耆卫集团是南非最大、实力最雄厚的金融服务提供商，也是南非经济最重要的参与者之一。

2021年第一季度瑞泰人寿的综合偿付能力充足率是150.91%。

你们发现了吗？很多不认识的保险公司，其实实力都很强，股东都是业内响当当的巨头，位列世界500强。

除了上述提到的，国内还有很多保险公司资本也都很雄厚，例如中德安联，由安联保险和中信信托公司合资组建；中银三星，股东分别是中银投资、中国航空集团和韩国三星生命保险。

这些保险公司不仅实力强，产品和服务也很优秀，例如史带的意外险、同方全球的新康健一生（多倍保）重疾险，口碑在业内都非常好。所以，消费者在挑选保险时，不一定非得在耳熟能详的公司里面挑选，在这之外，还有很多公司也值得选择。

第三节 是否值得为保险公司品牌溢价买单

知名度越高的保险公司，保费也越贵。那么，我们应该为保险公司的品牌溢价买单吗？

消费者愿意为保险公司的品牌额外付费，实际上源于买卖双方的信息不对称。如果知道了以下真相，我们是否还愿意多花冤枉钱呢？

1. 重疾险中最高发的28种重疾，病种和理赔条件一模一样

2007年以前，中国的重疾险疾病定义版本很多，各家公司都有自己的标准。2007年，中国保险行业协会与中国医师协会共同制定了《重大疾病保险的疾病定义使用规范》，对重疾险产品中

最常见的 25 种疾病，统一理赔标准。不管哪家保险公司的重疾险，凡是这 25 种重疾，理赔条件完全一模一样。

中国是世界上第四个制定并使用统一重疾险疾病定义的国家。2021 年，全国统一理赔条件的重疾增加到 28 种。

2. 别担心保险公司赔不起，有人盯着

前面提过，保险公司的"偿付能力"是监管的重中之重，这是衡量保险公司是否赔得起的标准。

当偿付能力不达标时，根据《保险公司综合偿付能力管理规定》第 26 条，银保监会应当采取的全部措施：

（1）监管谈话；

（2）要求保险公司提交预防偿付能力充足率恶化或完善风险管理的计划；

（3）限制董事、监事、高级管理人员的薪酬水平；

（4）限制向股东分红。

同时中国银保监会还可以根据其偿付能力充足率下降的具体原因，采取以下第（5）项至第（12）项的措施：

（5）责令增加资本金；

（6）责令停止部分或全部新业务；

（7）责令调整业务结构，限制增设分支机构，限制商业性广告；

（8）限制业务范围、责令转让保险业务或责令办理分出业务；

（9）责令调整资产结构，限制投资形式或比例；

（10）对风险和损失负有责任的董事和高级管理人员，责令保险公司根据聘用协议、书面承诺等追回其薪酬；

（11）依法责令调整公司负责人及有关管理人员；

（12）中国银保监会依法根据保险公司的风险成因和风险程度认为必要的其他监管措施。

要是采取了以上措施，也没有得到明显改善或者进一步恶化了，甚至可以依法采取接管、申请破产等监管措施。

如果综合偿付能力高于100%、核心偿付能力也高于50%，但风险评估等级没有达到B类，《保险公司综合偿付能力管理规定》第27条也提到：中国银保监会及其派出机构应根据风险成因和风险程度，采取针对性的监管措施。

第23条还特别提出：中国银保监会及其派出机构建立以下偿付能力数据核查机制，包括：

（1）每季度对保险公司报送的季度偿付能力报告的真实性、完整性和合规性进行核查；

（2）每季度对保险公司公开披露的偿付能力季度报告摘要的真实性、完整性和合规性进行核查；

（3）对保险公司报送的其他偿付能力信息和数据进行核查。

核心偿付能力充足率低于60%或者综合偿付能力充足率低于120%的保险公司为重点核查对象。

这意味着都不需要触及综合偿付能力与核心偿付能力的"底线"，就会被银保监会当作重点排查对象了，早已提前预防。

3. 整个保险行业是一个利益共同体

2015年天津滨海新区爆炸案后，各家保险公司的赔付金额，如图8-16所示。

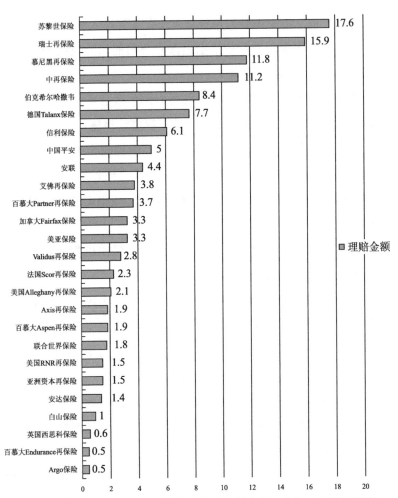

图 8-16 天津滨海新区爆炸各家保险公司赔付账单（单位：亿元人民币）

赔偿超过 10 亿元的四家公司中，有 3 家是再保险公司：慕尼黑再保险公司、瑞士再保险公司、中国再保险集团，分别是国际第一、第二大再保险公司、中国唯一一家国有独资再保险公司。

《保险法》规定，超过一定风险，保险公司必须分给再保险公司。而再保险公司之间，也会互相分拆风险。

所以，从某种程度上说，保险业"你中有我，我中有你"，是一个利益共同体。消费者的一份保单，签约的是一家保险公司，实际上承担风险的可能是几家公司。也有可能，甲投保了 A 公司的产品，乙投保了 B 公司的产品，而 A 和 B 都选择了同一家再保险公司。

4. 保险公司破产，不影响客户保单权益

万一保险公司破产，保单权益怎么办？

《保险法》规定，必须有其他保险公司接手，如果没有接收方，保监会会强行指定。其他保险公司接手不吃亏的，因为接手不仅接保单，也接手保单背后的真金白银。

除此之外，别忘了，还有前面提到的保险保障基金。保险保障基金在保险公司被撤销或破产时，会向客户提供救济。

综上所述，作为消费者，考虑保险的时候，保险公司的品牌和我们没什么关系。我们不是买包、买车，品牌还有点社交功能。保险品牌没有社交功能，谁都不会拿一本保险合同去显摆。

所以，投保时，是要挑保险公司，但挑的不是品牌，而是保险公司的服务、核保规则（健康核保、财务核保）。

第四节　从两个理赔案看保险公司服务

买保险时，有的险种只挑便宜的就行，例如定期寿险；有的险种在价格之外还要兼顾保险公司的服务，例如重疾险；有的主要看服务，例如医疗险、意外险。

先申明一下，保险公司服务的好坏和保险公司的规模、知名度无关。

保险公司服务好坏，对消费者而言有什么区别？我们用两个理赔案来说一下，毕竟理赔服务是大部分人最看重的。

1. 案例一

客户投保一份医疗险，等待期是 90 天，刚过等待期两天因头痛就医，结果疑似肺癌，几天后确诊。因为出险太快了，而且是癌症，保险公司怀疑客户当初会不会是隐瞒了体况而投保的，所以就调取了客户以前的医疗记录。结果发现客户之前有大脑动脉粥样硬化，保险公司以此拒赔，并要求解除合同。

大脑动脉粥样硬化是脑梗死的重要原因，脑梗死就是脑卒中，俗称脑中风（保险做久了，快有赤脚医生的水平了）。所以，大脑动脉粥样硬化绝对是重要的体况异常，也足以影响保险公司的核保决定。客户没有告知，保险公司以此拒赔。

那保险经纪人怎样为客户争取权益的呢？

申诉的原文比较长，这里说一下核心逻辑。

（1）保险公司的健康询问里没有明确问客户是否有"大脑动脉粥样硬化"。

保险公司问了是否有心脑血管疾病，并且列出了心脑血管疾病指什么，如图 8-17 所示。

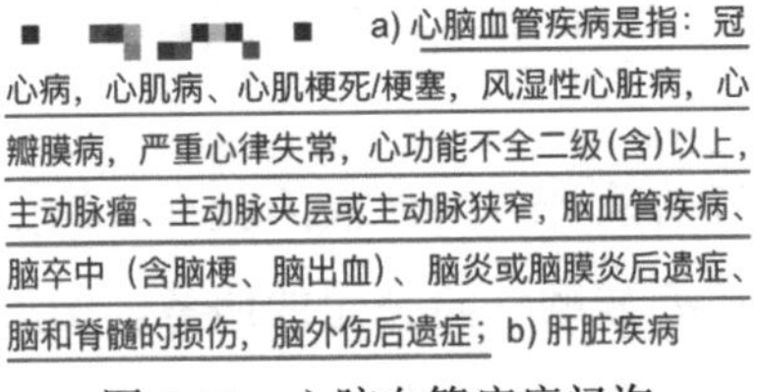

> a) 心脑血管病是指：冠心病、心肌病、心肌梗死/梗塞、风湿性心脏病、心瓣膜病、严重心律失常、心功能不全二级(含)以上、主动脉瘤、主动脉夹层或主动脉狭窄、脑血管病变、脑卒中（含脑梗、脑出血）、脑炎或脑膜炎后遗症、脑和脊髓的损伤、脑外伤后遗症； b) 肝脏疾病

图 8-17 心脑血管疾病问询

可以看到，并没有提到"大脑动脉粥样硬化"。

因为投保人都是普通人，不懂健康告知里的医学专业术语，所以《保险法》司法解释二第 6 条明确说了：投保人的告知义务限于保险人询问的范围和内容（保险人是指保险公司）。保险公司没问，客户没告知，完全合法合规。

（2）经纪人怕保险公司以客户违反健康询问里的这条来拒赔，如图 8-18 所示，所以先发制人。

> 4.被保险人过去 1 年内发现健康检查结果异常（不含高血压）并被建议需要进一步检查、治疗、手术、复查的或过去 1 年内存在下列症状：肢体麻木等感觉异常、嘴歪眼斜、各类肢体或肌肉运动功能的

图 8-18　健康告知

"大脑动脉粥样硬化"确实属于健康检查结果异常，但是，《保险法》司法解释二提出："保险人以投保人违反了对投保单询问表中所列概括性条款的如实告知义务为由请求解除合同的，人民法院不予支持。但该概括性条款有具体内容的除外。"

最高人民法院出台的司法解释，效力等同于法律，是法院判案的依据。保险公司问客户过去一年是否发现"健康检查结果异常"，这是概况性条款，客户是可以当没问的，保险公司不能以此拒赔。

（3）保险经纪人提出诉求"望贵公司端正经营理念，理性分析判断，依法承担应当承担的保险责任，且保障继续有效"。这就是说，保险公司不仅要赔这次的医疗费用，客户只要续保，以后的医疗费也由保险公司承担。

保险公司接到这封申诉函后是怎么处理的呢？爽快地全额理赔了，并且接受客户继续续保。

站在保险公司核赔员的角度，他接到这样的理赔申请，当时给出拒赔的决定，是可以理解的。否则，他可能会被公司问责。

但是，经纪人给出了非常专业的申诉函后，保险公司知晓其中的利害关系，全额赔付，并且接受客户继续续保，也是通情达理，应该点赞。这是服务好的公司。

那么，服务不好的保险公司，遇到这样的情况会怎样做呢？

2. 案例二

这位客户投保的是一款重疾险，同样是投保后不久就出险了。投保后如果在等待期（90/180 天）内出险，保险公司是不赔的，合同上也写明了这点。

这位客户是等待期内出现症状就诊，做了骨髓穿刺，骨髓报告是在等待期内出的，显示极有可能是白血病，并且客户就按白血病来服药控制病情了，但穿刺的基因报告是在等待期后出来的。

客户投保半年前的体检报告里，血常规有一项指标是远高于正常值的，事后一位医生说，当时就应该引起重视了。但是客户既没有看医生，投保时也没有告知这项异常，因为他压根没留意这个异常项。

客户后来申请理赔，保险公司拒赔。对于经验丰富的保险经纪人来说，保险公司的这个拒赔决定是可以理解的，因为：

（1）客户很快就出险，保险公司需要时间去查一下客户是不是故意隐瞒体况投保，《保险法》又规定一般案例要在 30 天内做出核定，保险公司来不及，那就先拒赔，为调查争取时间；

（2）客户是否在等待期内出险是有争议的，医生还写错了客户的病历，更让保险公司怀疑客户在等待期内就已确诊；

（3）客户没有告知投保半年前的血常规异常，严格来说，告知有瑕疵。

保险经纪人为客户据理力争,但保险公司坚持拒赔,最后客户诉诸法律。一审时,保险公司的人来走了个过场,基本就没啥申辩的。一审判保险公司败诉,要按保额全额赔客户 100 万元。

原以为这次保险公司得赔了,结果,保险公司居然上诉要求二审。

不出意料,二审还是客户胜诉,结案后不久,保险公司赔了 100 万元给客户。但是,这距离客户申请理赔,已经过去一年多了。如果这 100 万元早点赔下来,客户这一年多的经济压力会小很多。

这两个案例,保险公司明明知道如果走诉讼的话都得赔,服务好的公司,被拿捏住七寸了,愿赌服输,爽快赔了;服务不好的公司,即使赔也让客户折腾,拖了一年的时间,也让客户和家人的心悬了一年。

最后,总结一下:

(1) 不要怕保险公司拒赔,只要在理,找到对的人,是能够帮助消费者争取权利的;

(2) 只要在理,并且达到条款里白纸黑字写的理赔条件,即使是服务不好的保险公司,最终也不敢不赔的;

(3) 保险公司服务有差异,重疾险的话,服务好的公司保费贵 10% 左右是值得的。

第五节　保险代理人和经纪人的区别

以前大家买保险,基本上是通过保险公司的代理人。我国的个人代理人(Agent)制度,是友邦人寿在 1992 年引入的,成为国内寿险公司争相采用的展业模式。

所谓代理人，在《保险法》第 125 条里有明确的定义：

保险代理人是根据保险人的委托，向保险人收取代理手续费，并在保险人授权的范围内代为办理保险业务的单位或者个人。

《保险法》、保险合同里的"保险人"都是指保险公司。

市场上有各家保险公司的代理人，例如平安人寿代理人、中国人寿代理人、友邦人寿代理人、新华人寿代理人等，他们各自受保险公司委托，代理该保险公司的产品。

各家公司的代理人基于所在保险公司的委托，收取保险公司佣金，为消费者推荐这家公司的保险产品。代理人只能代理某一家保险公司的产品。

这几年，市场上兴起了一种新的保险营销人员——保险经纪人（Broker）。《保险法》里对保险经纪人的定义，见第 126 条：

保险经纪人是基于投保人的利益，为投保人与保险人订立保险合同提供中介服务，并依法收取佣金的单位。

大家可以看到，保险经纪人是基于投保人的利益，这个立场和代理人差别很大。所以，保险经纪人可以根据投保人的需求，从多家保险公司为投保人挑选合适的方案。

保险经纪人虽然在欧美已经有 200 年左右的历史，但直到 2000 年后才在中国出现，历史短，总人数远少于代理人，在 2015 年后随着移动互联网的发展，保险经纪人才让更多的人知道。

下面从售前、售后两个方面，来具体聊聊保险经纪人和代理人对于投保人的区别。

1. 方案范围

立场决定方案。

因为保险经纪人和代理人代表的利益方不一样，所以在为消费者挑选保险方案时，代理人会局限在某一家保险公司，经纪人可以在更大的范围内为消费者挑选更具综合性价比的方案。

随着互联网的发展，保险行业的信息不对称逐渐被打破，现在的消费者在选择保险的时候，也会货比三家，选择综合性价比更好的方案，通常一个家庭的保障方案是若干家保险公司产品的组合。

这也很正常，市场上的保险公司，确实没有任何一家公司的每一个产品都是市场最优的。更别提不同的消费者本身的情况和需求也各有所异，组合起来最直观的效果就是——保障不变的情况下，保费可以下降一大截。

2. 投保结果

不同保险公司、保险产品之间的核保标准会有些差异。

例如，乙肝携带，肝功能正常，无须服药，有的保险公司可以正常承保，有的公司会加费，不同公司加费比例还有高有低。

双肾结石，投保重疾险，有的公司加费40%，有的公司加费17%左右。

颈部淋巴结，有的公司延期，有的公司评估后可以正常承保。

有体况的消费者，可以充分利用这样的差异，为自己争取最佳的核保结果。

3. 出险理赔

买保险不是目的，万一出险能顺利理赔才是。而在协助理赔这一点上，经纪人相较于代理人，是有着天然优势的。为什么这么说呢？

这其实是由他们的法律定位和立场决定的。如《保险法》所规定的，保险代理人是根据保险人的委托，代表其利益。而保险经纪人是基于投保人的利益,不用受制于保险公司的情面或利益关系。

在遇到理赔纠纷的时候,独立第三方的优势就体现出来了。

最后说一下,不管消费者在哪个渠道投保,同样的保险产品保费都是一样的。最不建议的就是在保险公司官网投,因为这些客户被认为是由保险公司品牌号召力带来的。一投保,保单就成为了"孤儿保单"(行话:指没有专门人员跟进售后服务的保单),以后出现任何问题,都只能自己联系客服解决。

第六节　买保险怕踩坑,请牢记这两问

因为种种原因,保险销售人员素质良莠不齐,有不少销售误导。作为消费者,面对保险业务员时,不管对方说得天花乱坠,都可以问他这样两个问题:

对于保障类产品,问:这款产品保障什么,不保障什么?

对于储蓄类产品,问:你说的数字里,哪些是保证的,哪些是不保证的?

除了听销售说,我们也要看条款,毕竟口说无凭,白纸黑字的合同才是依据。

上面这两个问题,能帮助我们避开绝大部分的销售误导,确保我们买对保险。

1. 保障类保险——保什么,不保什么

有的合同条款,目录里就帮我们做了梳理,如图 8-19 所示。

第八章 挑保险的三个维度：公司、产品、人

条款目录

1. 我们保多久，保什么
   1.1 保险期间
   1.2 基本保险金额
   1.3 等待期
   1.4 保险责任
   1.5 我们所保障的疾病列表

2. 什么情况我们不赔
   2.1 责任免除

5. 如何退保
   5.1 犹豫期
   5.2 您解除合同的手续及风险

6. 其他权益
   6.1 现金价值
   6.2 保单贷款
   6.3 保险费自动垫交
   6.4 减保

图 8-19　保险合同条款目录

寿险保什么？身故或全残，就赔保额，如图 8-20 所示。

保险责任

在本合同有效期间内，我们承担下列保险责任：

2.4.1 身故保险金

若被保险人于等待期内因疾病导致身故，我们将按本合同及其附加合同累计已交纳的保险费向身故保险金受益人给付身故保险金，本合同效力终止。

若被保险人因意外伤害或于等待期后因疾病导致身故，我们将按本合同的基本保险金额向身故保险金受益人给付身故保险金，本合同效力终止。

2.4.2 全残保险金

若被保险人于等待期内因疾病导致全残，我们将按本合同及其附加合同累计已交纳的保险费向被保险人给付全残保险金，本合同效力终止。

若被保险人于等待期内因疾病导致全残，我们将按本合同及其附加合同累计已交纳的保险费向被保险人给付全残保险金（**若被保险人同时符合一项以上的全残情形时，该给付以一项为限**），本合同效力终止。

图 8-20　寿险保障责任条款

寿险不保什么？"责任免除"里列出的几种情况。有的寿险

不赔的情况有 7 条，有的 5 条，也有 3 条的。（1）～（3）条，是银保监会规定必须要有的，如图 8-21 所示。

责任免除

身故保障责任免除　因下列情形之一导致被保险人身故的，我们不承担给付身故保险金的责任：
（1）投保人对被保险人的故意杀害、故意伤害；
（2）被保险人故意犯罪或者抗拒依法采取的刑事强制措施；
（3）被保险人自本合同成立或者合同效力恢复之日起2年内自杀，但被保险人自杀时为无民事行为能力人的除外；
（4）被保险人主动吸食或注射毒品（11.6）；
（5）被保险人酒后驾驶（11.7）、无合法有效驾驶证驾驶（11.8）或驾驶无有效行驶证（11.9）的机动车（11.10）；
（6）战争、军事冲突或武装叛乱；
（7）核爆炸、核辐射或核污染。
发生上述第1项情形导致被保险人身故的，本合同效力终止，我们向被保险人的继承人退还被保险人身故时本合同的现金价值。
发生上述其他情形导致被保险人身故的，本合同效力终止，我们向您退还被保险人身故时本合同的现金价值。

图 8-21　寿险责任免除条款

重疾险保什么？轻症、重疾或身故，有的还有中症、特定疾病。哪里看具体内容，依旧是在"保险责任"里，如图 8-22 所示。

2.4　**保险责任**　在本合同有效期内，我们承担如下保险责任：

2.4.1　<u>轻度疾病保险金</u>　若被保险人在等待期内确诊患有任何一项符合本合同第10条约定保障范围及定义的轻度疾病，我们将按照本合同已交纳的保险费（不包括其附加合同的保险费）给付轻度疾病保险金，同时本合同效力终止。

若被保险人在等待期后经专科医生（见13.7）首次确诊（见13.8）患有任何一项符合本合同第10条约定保障范围及定义的轻度疾病，我们将按本合同基本保险金额的<u>30%</u>给付轻度疾病保险金。每种轻度疾病只给付一次轻度疾病保险金，**给付后该种轻度疾病的保险责任终止。本合同轻度疾病保险金的累计给付次数以<u>三次</u>为限。**

若被保险人由于同一疾病原因、同次医疗行为或同次意外伤害事故，首次确诊患有本合同第10条约定保障范围及定义的两种或者两种以上的轻度疾病，我们仅按一种轻度疾病给付轻度疾病保险金，给付后已确诊的所有轻度疾病保险责任终止。

若被保险人确诊的疾病同时符合本合同第10条约定保障范围及定义的轻度疾病和本合同第11条约定保障范围及定义的重度疾病，我们仅承担给付重度疾病保险金的保险责任，同时本合同效力终止。

2.4.2　<u>重度疾病保险金</u>　若被保险人在等待期内确诊患有任何一项符合本合同第11条约定保障范围及定义的重度疾病（无论一种或多种），我们将按照本合同已交纳的保险费（不包括其附加合同的保险费）给付重度疾病保险金，同时本合同效力终止。

图 8-22　轻症、重疾保险金条款

第八章 挑保险的三个维度：公司、产品、人

留意赔付额度、次数。重疾险保障的疾病有数量的限制，具体的疾病名称、理赔条件，都会一一在合同里列出。

重疾险哪些情况不赔呢？如图8-23所示。

责任免除 因下列情形之一导致被保险人患本合同约定保障范围及定义的轻度疾病、重度疾病或导致被保险人身故的，我们不承担给付各项保险金的责任：
(1) 投保人对被保险人的故意杀害、故意伤害；
(2) 被保险人故意犯罪或抗拒依法采取的刑事强制措施；
(3) 被保险人故意自伤、或自本合同成立或者本合同效力恢复之日起2年内自杀，但被保险人自杀时为无民事行为能力人的除外；
(4) 被保险人服用、吸食或注射毒品（见13.10）；
(5) 被保险人酒后驾驶（见13.11）、无合法有效驾驶证驾驶（见13.12），或驾驶无合法有效行驶证（见13.13）的机动车（见13.14）；
(6) 被保险人感染艾滋病病毒或患艾滋病（见13.15），但本合同第11.31、11.35及11.88条约定的人类免疫缺陷病毒（HIV）感染不在责任免除范围内；
(7) 战争、军事冲突、暴乱或武装叛乱；
(8) 核爆炸、核辐射或核污染；
(9) 遗传性疾病（见13.16），先天性畸形、变形或染色体异常（见13.17），但本合同第10.37、11.36、11.70、11.82、11.84及11.108条约定的遗传性疾病不在责任免除范围内。

图8-23 重疾责任免除条款

请留意第8、9条。

医疗险保什么？不同产品，差别比较大。下面是某款住院医疗险条款中的一部分，如图8-24所示。

医疗险要留意对医院标准、保障地区的限制，是不是有免赔额，以及外购药和植入器材是否能报销。

医疗险不保什么？还是在"责任免除"里看，如图8-25所示截取的部分内容：

第十四条　　保险责任

在本合同保险期间内，被保险人遭受意外伤害或在等待期后罹患疾病，在其保障区域范围内符合本合同约定的**医院**（释义十四）就医的，本公司依据保险合同的约定，在扣除保险单中载明的免赔额和自付比例后，在保险金额内对被保险人实际发生并支付的**合理且必需**（释义十五）的医疗费用承担保险责任，本合同另有约定的除外。其中，不同保障计划所对应的医院类型以保险单载明的为准。

（一）住院及日间手术/日间治疗

（二）癌症治疗及非住院肾透析治疗

1. 癌症治疗

被保险人因**癌症**（释义二十六）治疗发生的住院（包括手术）、门诊、放化疗及其他相关后续治疗产生的医疗费用。

2．非住院肾透析治疗

被保险人由专科医师推荐的需要进行医疗上必要的非住院**肾透析**（释义二十七）的费用。

（三）器官移植

被保险人因罹患疾病或遭受意外伤害需要进行的**肾脏、心脏、肝脏、肺或骨髓**移植手术的费用。

（四）义肢/人造假体

被保险人在医疗上必要的，由主诊专科医师推荐的，由手术植入的、非美容目的的晶体、支架（**不包括牙套**）、起博器、假肢或类似整形外科器具和植入物的费用。

（五）紧急意外门诊牙科治疗

被保险人因遭遇**意外事故**（释义二十八）导致其自然牙齿或牙龈伤害而在意外事故发生后二十四（24）小时内进行的医疗上必要的牙科**急症**（释义二十九）诊疗的费用，以及在意外事故发生后三十（30）日内的后续诊疗的费用（包括处方医药用品和药品的费用）

图8-24　医疗险保障责任条款

16. 儿童身体和心理发育迟缓、性早熟、学习障碍、行为问题的治疗、评估和评级费用。

17. 脱发的相关治疗费用。美容、整容或整形外科手术/治疗，或与以前美容、整容或整形外科手术/治疗相关的任何治疗费用，但因意外事故或外科手术后在恰当的医学阶段实施的，且在手术前已得到本公司批准用于恢复功能或外形的手术或治疗除外。

18. 从身体任何部分抽除脂肪或多余组织引发的任何费用，无论是否存在医学或心理需要；治疗肥胖、减轻或增加体重的费用。

19. 获得器官所需要的费用（包括但不限于交通费用）或捐献者引起的任何费用。

20. 购置任何肾透析用设备、仪器、器材、机器及用品的费用。

21. 因药物或成瘾品（包括但不限于毒品、酒精）滥用或依赖而产生的任何费用。

22. 因疲劳、乏力而产生的任何费用；因睡眠紊乱而产生的任何费用，包括但不限于鼾症、失眠、睡眠呼吸暂停低通气综合征及睡眠测试。

23. 因进食导致的牙齿意外损坏引发的任何费用。

24. 对于永久性神经损伤或持续性植物人状态超过九十（90）天的住院治疗费用。持续性植物人状态为：对周围环境无反应，完全丧失对自身和周围的认知能力，即使病人能够睁开双眼和自主呼吸，该状态持续超过四(4)周且无好转或康复迹象。

25. 由正常生理变化（如衰老、更年期、青春期等）的非疾病症状引起的用于缓解身体或生理变化的医疗费用。

26. 任何预防或预测性质的基因检测费用。

27. 除紧急意外门诊牙科治疗外的其他牙科相关医疗费用，但由投保人和本公司约定的并在保险单中明确列明承保的除外。

图 8-25 某款医疗险责任免除条款

可以看到，减肥、儿童发育障碍等疾病不保。

意外险保什么？意外导致的身故或残疾，如图 8-26 所示。

保险责任

第五条 在保险合同有效期内，被保险人<u>因遭受意外伤害事故导致身故、残疾</u>，保险人依照下列约定给付保险金，且给付各项保险金之和不超过保险金额。

图 8-26 意外险保障责任

意外险不保什么？留意划线部分，如图 8-27 所示。

（四）被保险人妊娠、流产、分娩；

（五）疾病、食物中毒、药物过敏、中暑、猝死；

（六）被保险人因医疗事故导致的伤害；

（七）被保险人感染艾滋病毒或者患艾滋病期间；

（八）被保险人接受整容、整形手术及其他内、外科手术；

（九）被保险人未遵医嘱，私自服用、涂用、注射药物；

（十）投保前已存在的受伤及其并发症；

（十一）任何生物、化学、原子能武器，原子能或核能装置所造成的爆炸、灼伤、辐射或污染；

（十二）恐怖主义行为；

（十三）被保险人置身于任何飞机或空中运输工具（以乘客身份搭乘民用或商业航班者除外）期间；

（十四）细菌或病毒感染（但因意外伤害导致有伤口而发生感染者除外）；

（十五）战争、军事行动、暴动或武装叛乱期间；

（十六）被保险人从事违法、犯罪活动期间或被依法拘留、服刑、在逃期间；

（十七）被保险人受酒精、毒品、管制药物的影响期间；

（十八）被保险人酒后驾车、无有效驾驶证驾驶或驾驶无有效行驶证的机动车期间；

（十九）发生被保险人作为军人（含特种兵）、警务人员（含防暴警察）在训练或执行公务期间；

（二十）被保险人从事潜水、跳伞、攀岩运动、探险活动、武术比赛、摔跤比赛、特技表演、赛马、赛车等高风险的活动期间；

图 8-27　某款意外险免责条款

2. 储蓄类保险——涉及增值时，保证多少，多少是不保证的

储蓄类保险，最大的销售误导，是把不保证的收益当作保证的和客户说。图 8-28 是某公司销售人员展示给客户看的。

第八章 挑保险的三个维度：公司、产品、人

11.1号开抢

教育金、婚嫁金、创业金、养老金于一体的年金保险

方案一	方案二	方案三
一年存5万元，连续存3年	一年存12万元，连续存3年	一年存20万元，连续存3年
第五年返还30000元	第五年返还72000元	第五年返还120000元
第六年返还30000元	第六年返还72000元	第六年返还120000元
第七年返还30000元	第七年返还72000元	第七年返还120000元
第八年返还75400元	第八年返还181000元	第八年返还301600元
第十年账户价值198538元	第十年账户价值476245元	第十年账户价值793625元
第二十年账户价值355551元	第二十年账户价值852883元	第二十年账户价值1421262元
第三十年账户价值636738元	第三十年账户价值1527384元	第三十年账户价值2545264元
第四十年账户价值1140301元	第四十年账户价值2735311元	第四十年账户价值4558180元
第五十年账户价值2042106元	第五十年账户价值4898526元	第五十年账户价值8163007元
第六十年账户价值3657100元	第六十年账户价值8772514元	第六十年账户价值14618702元
第七十年账户价值6549309元	第七十年账户价值15710237元	第七十年账户价值26179869元
第八十年账户价值11728816元	第八十年账户价值28134642元	第八十年账户价值46884158元
第九十年账户价值21004522元	第九十年账户价值50384858元	第九十年账户价值83962386元

时间越久，领得越多，日计息 月复利 年滚存，当前利率5%，相当于额外给你的私人银行
万能账户5%结算比银行多一份私密性，比股票多一份稳定性，比房产多一份保障性，比理财多一份安全性。
快速还本，活得越久钱越多，没全部留给后代，一年一次！限时 限整 限量！！！

图 8-28 某款年金险演示利率表

图 8-28 中，框出来的数据都是不保证的。销售人员是按 5% 演示的，合同里写的保证部分只有 1.75%，如图 8-29 所示。

[7] **保证利率**指本主险合同的保证利率为年利率 1.75%，对应的日利率为 0.004 795%。<u>保证利率之上的投资收益是不确定的</u>。
[8] **危险保额**指结算日零时的保险金额减去保单账户价值后的数值。
[9] **有效身份证件**指政府有权机关颁发的能够证明其合法真实身份的证件或文件等，如居民身份证、按规定可使用的有效护照、营业执照等。

图 8-29 保证利率条款

分红险的话，产品名称上一定会注明"分红型"。分红多少也是不确定的，如图 8-30 所示。

保单红利

保单红利的确定	本合同为分红保险合同，您有权参与我们分红保险业务的盈利分配。在本合同有效期内，我们每年根据上一会计年度分红保险业务的实际经营状况，确定红利分配方案。<u>保单红利是不保证的</u>。我们会向您寄送每个保单年度的分红报告，告知您分红的具体情况。

图 8-30 保单红利条款

但是绝大部分销售人员不会和客户说明这些,但凡我们考虑储蓄类产品,看到销售人员展示的数据,一定要问哪些是保证、哪些是不保证的,同时自己也在条款里找找。

保险是个很好的金融工具,愿大家都能不被忽悠,选择合适的方案。

第九章
健康核保：保险不是想买就买

第一节　健康告知的原则

投保人寿保险时，会涉及健康告知。对消费者而言，它关系到以下三个方面：

（1）保险公司是否承保；

（2）以什么样的条件承保；

（3）能不能顺利理赔。

而保险公司的核保结果会有以下几种情况。

（1）标准体承保：即正常承保。

（2）加费承保：加费一定比例后承保，例如，乙肝携带、肝功能异常，可以加费一定比例后承保。

（3）除外部分疾病后承保：例如乳腺结节，除外乳腺癌后承保，保费不变。

（4）延期承保：保险公司目前无法评判该健康状况的走向，建议延期1年后根据到时的复查结果来判断。

（5）拒保：即拒绝承保。

投保人如何健康告知，才对核保结果最有利呢？其实是有原则和技巧的。

1. 询问告知原则

询问告知，也叫有限告知，这是国际保险界通行的告知原则。

保险公司问，消费者答。消费者告知的范围，仅限于保险公司书面询问涉及的问题。没问到的，即使重要，消费者也没有告知义务。

例如，影星安吉丽娜·朱莉因为家族病史主动切除乳腺，在全球科普了基因检测这回事。如果有消费者也做了乳腺癌的基因检测，结果显示患乳腺癌概率高于一般人，那么检测的结果用不用告诉保险公司呢？

不用，因为保险公司并没有问到基因检测的问题。

《健康保险管理办法》第38条明确规定：

保险公司销售健康保险产品，不得非法搜集、获取被保险人除家族遗传病史之外的遗传信息、基因检测资料；也不得要求投保人、被保险人或者受益人提供上述信息。保险公司不得以被保险人家族遗传病史之外的遗传信息、基因检测资料作为核保条件。

既然是有限告知，保险公司就必须问得具体，所以像健康问询里笼统的问题，消费者统统可以当作没问，例如是否有以上未提及的异常症状、疾病、身体检查结果……这类问题违反有限告知原则。

《保险法》司法解释二也明确了这一点：

保险人以投保人违反了对投保单询问表中所列概括性条款的如实告知义务为由请求解除合同的，人民法院不予支持。但该概括性条款有具体内容的除外。

保险公司有专业的核保人员，哪些疾病或症状会影响承保决定，应该有丰富的经验，在设计问题时，必须明确、有针对性，不能用笼统的问题扩大客户告知的范围。

有这样一个案例：李某向保险公司投保了一份人寿保险。之后，李某因为激素过量导致药物性多器官功能损害，进而全身衰竭死亡。李某的太太向保险公司申请理赔。

保险公司调查发现，发现李某投保的时候就已经患有牛皮癣，而且服用激素两年。保险公司认为，投保人在投保时没有如实告知，拒赔。受益人认为，投保材料上保险公司并没有明确询问牛皮癣、皮肤病及激素类药物情况，所以投保人没有告知义务。

最后法院判决合同有效，保险公司得赔。法院的理由是：我国《保险法》采用询问告知的立法形式，保险公司没有询问，投保人就没有告知义务。投保书中没有明示牛皮癣这个疾病，所以保险公司不能以此为由拒绝承担保险责任。

2. 有记录才发生

身体异常，以在医院或者体检机构留下记录为准。自己臆断的、猜测的不算，江湖郎中、养生"砖家"诊断的也不算。

例如，有的消费者在"养生机构"喝了果汁和橄榄油后，排下很多绿色的石头，"养生机构"的人说是排下的"胆结石"。这样的情况不算，这是果汁和植物油在消化道中产生的皂化反应而出现的"石头"。

顺便也提醒一下，近期考虑保险的别去体检，等投保完，过了等待期再去体检。万一在投保前查出点什么状况，可能影响核保。

还有一种常见的情况是，明明没有体况，但是却有了医疗记录。例如，医保卡的滥用，有些父母用儿女的医保卡、以儿女名义去医院看高血压、糖尿病。再比如，单位的体检，自己不去，让家人以自己的名义去检查。投保时，这些体况都会被认定是自己的状况。遇到这样的情况，只能个案个议，看怎么解决了。

3. 体检不能免除如实告知义务

2015年出台的《保险法》司法解释三第五条，对此有明确的规定：

第九章　健康核保：保险不是想买就买

保险人在合同订立时指定医疗机构对被保险人体检，当事人主张投保人如实告知义务免除的，人民法院不予支持。

上面提到健康告知的原则和技巧，只是战术层面。有体况的客户，如何在战略层面为自己争取最佳核保结果呢？

建议充分利用不同保险公司核保的差异性，选择核保宽松的公司。保险公司之间的核保标准并不是完全一样的。这也是我们很难说哪一款产品最好的原因。

撇开核保规则，去谈什么产品好、什么产品不好，没有太大的意义。没有绝对的好和坏，只有适合、不适合。

这里举几个案例。

一位30岁的男性客户，有胆囊息肉、轻度脂肪肝，同时投保两家保险公司的重疾险，一家正常承保，另一家的核保结果是：胆囊除外、体重超重加费。

一位28岁的女性客户，有乳腺结节（BI-RADS 3级）、甲状腺结节、心脏室性早搏。同时投保两家保险公司的重疾险，一家延期承保，另一家除外甲状腺癌、乳腺原位癌、乳腺癌，加费9%承保。

一位30岁的男性客户，体重超重，BMI31.4，血脂高，脂肪肝，同时投保三家保险公司的重疾险，两家正常承保，一家加费20%。

一位37岁男性客户，胆囊息肉，同时投保两家保险公司，一家正常承保，另一家胆囊除外。

对于客户而言，可以查到一家保险公司的产品、保费、保障范围、条款，但是核保规则只有从业者才知道，建议找一位经验丰富的保险顾问。

有时候核保也看个人运气。一位 35 岁的男性客户，高血压，服用降压药四年，胆囊息肉、轻度脂肪肝、血脂高，最后标准体承保。

一位 37 岁的女性客户，宫颈 TCT 显示少量非典型鳞状细胞。同一天选择同一家保险公司为自己和孩子投保重疾险，孩子那份附加投保人豁免。

核保结果是，自己那份标准体承保；孩子那份的投保人豁免责任，出体检照会。这是因为两份投保材料到了两位不同的核保员手中。

第二节　一些常见异常的核保结果

介绍一些常见疾病或异常的核保结果。消费者首先需要明确以下几个方面：

（1）核保医学和临床医学是不一样的，有的症状在临床上不需要治疗，但是会影响核保结果；

（2）定期消费型产品，核保比终身的严格；

（3）不同险种之间核保规则是不一样的；

（4）不同产品之间，核保尺度会有差异。

意外险没有健康告知，费率和职业有关。

医疗险的核保最严格，基本上既往病症都会除外承保，严重点的直接拒保。

重疾险的核保比寿险宽松。

储蓄类保险核保比人身保障类宽松，例如宫颈癌前病变、癌症康复五年后，投保年金类产品都有正常承保的案例。

1. 乙肝携带

2021年，中国乙肝病毒携带者大约有8 600万人。乙肝两对半的指标中，乙肝e抗原对核保结果影响比较大。

如果乙肝e抗原阴性，肝功能正常，无须服药，投保终身寿险，可标准体承保；投保终身重疾险，有的公司加费，有的能正常承保，女性正常承保概率更大；投保定期寿险，加费或者拒保，如果定期寿险的健康询问里没有问到乙肝携带，就能正常承保。

乙肝携带者投保时至少需要复查肝功能五项、乙肝两对半、甲胎蛋白、HBV-DNA报告、肝部B超。如果肝功能异常或还在服药，还要看具体情况个案个议。

2. 乳腺增生

一般不会影响核保，大部分保险公司也不会问及乳腺增生。

3. 乳腺结节或囊肿

一般是乳腺除外承保。如果BI-RADS 3级的话，有的保险公司还可能延期承保。如果是单侧单发的乳腺纤维腺瘤，手术后有正常承保的案例。单侧单发的乳腺囊肿，未经手术，也有正常承保的案例。

乳腺有问题的朋友投保人寿保险，需要有以往的检查报告、半年内的乳腺B超复查报告（做BI-RADS分级），有过手术史的，需要手术记录和病理报告。

4. 甲减或甲亢

规范治疗后甲状腺功能正常，血压、心脏和心血管没有问题，终身寿险和重疾险可以标准体承保，医疗险除外甲状腺。如果甲状腺功能异常，或者有其他并发症，看具体情况，加费或拒保。

5. 甲状腺结节

终身寿险可以标准体承保，重疾险和医疗险甲状腺除外。如果结节性质不明，可能延期或拒保。

需要提交以往的检查报告、半年内的甲状腺功能复查报告、甲状腺 B 超报告（做 TI-RADS 分级）。

6. 慢性浅表性胃炎

如果只是需要偶尔治疗，没有幽门螺杆菌感染，寿险和重疾险可以标准体承保，医疗险胃除外。如果幽门螺杆菌阳性，看具体情况，从正常承保到加费、拒保都有。

7. 肾结石

单发性结石、肾功能正常，投保重疾险或寿险一般都不影响；投保医疗险，会除外因肾结石导致的医疗费用。如果是多发结石，投保寿险一般都不影响，重疾险会加费 20% 左右承保。

第三节　医保卡外借是否影响买保险

很多消费者觉得，我的医保卡借亲戚用怎么了（也就是我们常说的"医保卡外借"），这不是很正常的吗？凭什么保险公司就要拒保？

而且 2020 年 8 月，国家医疗保障局公布了《关于建立健全职工基本医疗保险门诊共济保障机制的指导意见（征求意见稿）》（后面简称《征求意见稿》），关于医保卡的使用也发生了一些变化。

下面就来讲讲关于医保卡外借和保险相关的正确操作。《征求意见稿》，如图 9-1 所示。

第九章 健康核保：保险不是想买就买

(一) 增强门诊共济保障功能。 建立完善普通门诊医疗费用统筹保障机制，从高血压、糖尿病等群众负担较重的门诊慢性病入手，逐步将多发病、常见病的普通门诊医疗费纳入统筹基金支付范围。普通门诊统筹覆盖全体职工医保参保人员，支付比例从50%起步，随着基金承受能力增强逐步提高保障水平，待遇支付可适当向退休人员倾斜。针对门诊医疗服务特点，科学测算起付标准和最高支付限额，并做好与住院支付政策的衔接。

根据基金承受能力，各地可探索逐步扩大由统筹基金支付的门诊慢特病病种范围，将部分治疗周期长、对健康损害大、经济负担重的门诊慢性病、特殊疾病医疗费用纳入统筹基金支付范围。对部分需要在门诊开展、比住院更经济方便的特殊治疗，可参照住院待遇进行管理。随着门诊共济保障机制逐步健全，探索由病种保障向费用保障过渡。

(二) 改进个人账户计入办法。 科学合理确定个人账户计入办法和计入水平。在职职工个人账户由个人缴纳的基本医疗保险费计入，计入标准原则上控制在本人参保缴费基数的2%以内，单位缴纳的基本医疗保险费全部计入统筹基金；退休人员个人账户原则上由统筹基金按定额划入，划入额度按所在地区改革当时基本养老金2%左右测算，今后年度不再调整。个人账户具体划入比例或标准，由省级医保部门按照以上原则，指导统筹地区结合本地实际，统筹研究确定。调整账结构后减少划入个人账户的基金主要用于支撑健全门诊共济保障，提高门诊待遇。

(三) 规范个人账户使用范围。 个人账户主要用于支付参保职工在定点医疗机构或定点零售药店发生的政策范围内自付费用。可以用于支付职工本人及其配偶、父母、子女在医保定点医疗机构就医发生的由个人负担的医疗费用，以及在定点零售药店购买药品、医用耗材发生的由个人负担的费用。探索个人账户用于配偶、父母、子女参加城乡居民基本医疗保险等的个人缴费。个人账户不得用于公共卫生费用、体育健身或养生保健消费等不属于基本医疗保险保障范围的其他支出。健全和完善个人账户使用管理办法，做好收支信息统计。

图9-1　《关于建立健全职工基本医疗保险门诊共济保障机制的指导意见（征求意见稿）》

《征求意见稿》的三个调整与我们有较大的关系。

（1）增加普通门诊报销，比例从50%起：主要先考虑高血压、糖尿病等群众负担比较重的门诊慢性疾病，再逐步扩展其他疾病。

（2）改进个人账户的统计方法：个人医保账户金额 = 个人缴纳医保费 + 部分企业缴纳医保费，医保改革以后，企业所缴纳的医保费将全部进入统筹基金，也就是说进入个人账户的金额会更少。

（3）扩大个人医保账户的使用范围：可以自由分配给本人和配偶、父母、子女在特定医疗机构和药店使用。

可能有人会问，既然医保卡的使用范围扩大了，是不是意味着医保改革以后，即使我医保卡外借，也可以不影响投保和理赔呢？

别急，接下来将细说医保卡外借、投保及理赔之间的关系，方便大家对医保卡和保险有更深入的了解。

先认识两个账户：统筹账户和个人账户。

统筹账户中的钱:就是单位为本人交的医保费,这部分钱归医保统筹基金所有。

个人账户就是自己的钱:账户金额来自个人交的医保费+单位交的一部分医保费(改革后单位交的这部分就不再进入个人账户了)。个人账户的钱可以自由支配,如去医保定点药房买纸巾也是可以的。

1. 不同情况的医保卡外借会产生不同影响

1)在药店用医保卡为他人买药

这是最常见的一种情况,如孩子需要维生素、老人感冒之类的小疾病;若家里有"三高"的老人,可能还会涉及慢性疾病的药,如高血压、糖尿病,以及特殊的处方药购买。

医保改革之前,在药店医保卡外借买药是会影响到健康险和寿险投保的。

因为医保改革之前(浙江、广州等已提前实现医保家庭共济的省市除外),医保卡上的购药记录原则上被认为是持卡者本人的用药记录。

而高血压、糖尿病这类疾病,是可以通过服药将数值控制在正常值范围内的,即便是体检也很难自证清白,投保前的健康告知基本上都会问到"慢性疾病"。

出险时,保险公司会调取过往情况来进行审核,医保系统肯定是调查内容之一,而购药记录会被默认为本人有该疾病的症状或过往有就医情况,从而触发"未履行如实告知义务",进一步影响合同效力,最终影响理赔决定。

但医保改革之后,这个问题就不存在了。因为根据规定,我们可以用医保卡里个人账户的钱为配偶、父母、子女支付费用。

也就是说，保险公司不能把医保卡上的购药记录都算在持卡人头上了，这样就可以放心地用自己的医保卡给家人买药了。

但需要注意的是，购买处方药时，不管是登记信息还是开处方，一定要使用实际用药人的身份信息。

2）在医院用医保卡给他人门诊、买药

比起在药店买药，在医院留下的门诊或开药记录会更清晰，因为挂号以后，医生一般都会在处方笺上填写"诊断结果"，甚至会有门诊病历，也就是说，留下的除了用药记录，还有诊断记录。

这里有一个相关理赔案例可以跟大家分享一下。

侯先生2018年通过某网络平台买了一款重疾险，2019年11月体检时发现有甲状腺结节，之后在2020年1月确诊了甲状腺癌。

他向保险公司申请理赔，却遭到了拒绝。原因是，2013—2015年，他的医保卡有多次在医院门诊开心脑血管方面药物的记录。据此，保险公司认为他在投保时有相关病史却没有如实告知。

侯先生对此无法接受，因为这些药物是他父亲以他的名字挂号购买的，并非他本人使用。他向保险公司说明情况，并提交了父亲的相关病历资料后，保险公司还是坚持拒赔并退还了保费。

保险公司对于医保卡外借这样的行为，一直是卡得很严的，很多公司遇到这种情况会直接不接受投保。如果投保时没有如实告知并进行医保卡外借核保，理赔时也很可能出现纠纷，甚至会像侯先生这样遭遇拒赔。因为无法证明当时以他名字就医的是他父亲而不是他，同时这样骗取医保的行为本身也是不诚信的。

3）在医院用医保卡给他人住院治疗

直接外借医保卡给他人，他人用我们的名字挂号住院，然后使用我们的医保卡住院治疗，在医保相关规定里面，这已经属于

"骗保"行为，可能被追究违法责任。而对于持卡人投保，也有非常严重的影响。

因为此次住院的记录结论都会记到个人名下，言外之意是：他人因高血压住院，那么你的住院记录下也会有高血压的既往住院史。

即使投保时能证明该病史不属于本人，保险公司也可能出于"诚信问题"和"道德风险"的考虑，将当事人拒之于门外。

综上所述，医保卡外借是否会影响本人未来投保或者理赔：

（1）需要遵循新政策的规定来考虑；

（2）要注意医院的门诊、购药或者住院记录最终归属于谁的名下。

如果我们只是负责用个人账户的钱为家人支付费用，那么在医保改革以后，这种操作是符合规定的，不会影响本人未来投保或理赔。

2. 已经发生医保卡外借，后续该如何投保

1）理清医保卡外借导致的病史，是否被健康告知询问

如果没有涉及，就不用告知。

我国是遵循有限告知原则，通俗地讲就是健康告知问什么，我们就答什么，健康告知没问的，就不需要回答，也是做到了如实告知。

2）医保卡外借导致的病史涉及健康告知

如果医保卡外借导致的病史，涉及了健康告知，那么投保的流程会更加麻烦，从而造成理赔纠纷的概率也越大，因此，我们可以尽量尝试以下两种方法。

（1）如实做健康告知。默认这些疾病是本人所患，等待保险

公司审核结果，但可能会被加费、除外相关疾病、延期投保，最严重的情况是被拒保。这种情况对于实际健康（医保卡外借）的人来说肯定心有不甘。

（2）坦诚医保卡外借的事实。很多公司会明确表示不接受医保卡外借的投保。当然少数公司可以核保，不过比起普通情况审核会更加严格。

如中意人寿，客户需要在投保变更申请中说明医保卡外借的原因、用途、用于什么症状疾病等，若存在多次借用，需逐一详述每次的具体情况。同时，还要递交自己连续几年的体检报告，自证身体没有这些病史。如果客户无法自证，通常会直接拒保。

再比如长城人寿，需要客户提供医保卡外借的相关证明资料（借给了谁，证明这个人有该病史的病历资料），同时提供客户本人过往的体检报告，保险公司综合评估考虑。

当然，每家保险公司的核保尺度各不相同，所以尽可能选择针对医保卡外借核保宽松的保险公司，且要多家尝试，提高承保的通过率，最终选择合适的寿险和重疾险产品进行投保。

3. T博士小建议

不管是电影里还是日常生活中，医保卡外借是常见现象，人们或许觉得这是"小事"，但它的的确确有可能会影响本人未来的投保和理赔，是需要我们引起警惕的。

保险合同建立在双方都诚信的基础上，遵循最大诚信原则，而医保卡外借特别是借给他人就诊、住院的行为，本身就存在严重的"道德风险"。保险公司为了平衡自身风险、持续稳定经营，很多时候宁愿拒绝这一份保费，也不愿承担后续更高的"骗保风险"。

所以也再次提醒大家：

如果没有发生医保卡外借，那么一定要妥善保管好自己的医保卡，了解和明白适合使用的场景，以保障自己的最大利益，并尽早落实保险保障。

如果已经发生了医保卡外借，那么及时止损，明白这种行为会影响后续的投保和理赔，之后更加合理合法地使用医保卡，避免因小失大，与商业保险失之交臂。同时根据自身实际情况，积极寻找不同投保途径进行尝试，尽快完善自己的保障。

第四节　带病投保熬过两年，出险就能赔吗

下面讲一个案例。

一位女性投保了香港安盛某款重疾险，年交保费两万多元。五年后，不幸罹患乳腺癌，申请理赔。保险公司拒赔，理由是客户在乳腺癌就医时，提到了自己有抑郁症的既往病史，并且是投保前就有的。但是，投保重疾时，并未如实告知。

香港安盛拒赔。

如果该客户是在内地投保，同样的情况，保险公司大概是会理赔的。

不得不说，内地保险监管机构、法院是非常偏袒消费者的。有律师专门统计过近年来由于两年不可抗辩条款导致的诉讼，判决保险公司赔付的多于不赔付的。

内地《保险法》第16条的不可抗辩条款，理解上是有争议的。在香港的话，只要投保时蓄意隐瞒体况，不管过了多久，保险公司都可以拒赔，无论隐瞒的体况和出险的疾病是否有因果关系。

第九章 健康核保：保险不是想买就买

但是，中国不是判例法国家。带病投保可以获赔，并不代表以后也会如此判。再说了，一旦哪天保险法有新的司法解释出台，细化不可抗辩条款的除外情况，这个漏洞也就堵上了。

退一万步讲，即使法案维持现状，多少人在罹患重疾时，还有时间、精力和保险公司打官司？不如在投保时如实告知体况。

关于保险理赔，很多消费者有这样的疑问：听说保险有 2 年不可抗辩期，所以是不是可以隐瞒体况投保，只要过了 2 年出险，保险公司一定会赔呢？

这一说法是不对的。

1. 明确什么叫"不可抗辩条款"

许多人寿保险单中都规定了不可抗辩条款，如图 9-2 所示。

该条款规定：自保单生效起到被保险人出险之时，如果经过了一定时间（通常为两年），保险公司就不能对保单的有效性提出争议，不能单方面解除保险合同，即使投保人在投保时未如实告知重要事实也是如此。

> 8.3 我们合同解除权的限制
>
> 前条规定的合同解除权，自我们知道有解除事由之日起，超过三十日不行使而消灭。自本合同成立之日起超过两年的，我们不得解除合同；发生保险事故的，我们承担给付保险金的责任。

图 9-2 保单对不可抗辩条款的规定

早在 1864 年，美国曼哈顿人寿保险公司就将"不可抗辩"条款引入其人寿保单，初衷是为了平复和消除美国消费者对保险公司的不满情绪。因为在不可抗辩条款出现之前，即使投保人已长期缴纳保费，保险公司在保险事故发生时仍可能寻找一些细小的瑕疵而拒绝赔付保险金。

直到 2009 年，我国新版《保险法》第 16 条才首次加入"两年不可抗辩"条款。

"不可抗辩"条款的设立，确实是保障被保人的一个利器。从字面上来看，对于长期人身保险，一旦合同期满两年，保险公司就再也不能随便找一个理由对保险理赔作出拒赔。

但是在保险实务中，一些销售人员为了个人业绩，经常将不可抗辩条款过度解读，甚至曲解为：不管被保人的身体情况如何，在投保长期人身保险时，只要过了两年时间出险，即使保险公司查到被保人投保前的病史，也必须赔付，而不能拒赔！

但是事实真的如此吗？只要被保人挺过两年出险，保险公司不赔也得赔？

2. 真实案例：两年后拒赔 VS 不可抗辩条款

下面讲一个案例来说明。

被保人 A 于 2009 年 11 月投保终身寿险，2012 年 1 月（已超过两年）身故后，其受益人申请理赔，但被保险公司拒赔。原因是保险公司在核赔时发现 A 于投保的前一个月已被医院诊断为肺癌！

为什么会是这样的结果呢？

因为被保人隐瞒的病史（肺癌）与其出险（身故）有着明显的因果关系。而且从《保险法》当中也能找到相关依据，"不可抗辩"条款所在的第 16 条第 3 款后面，又有 2 款补充说明：

> 投保人故意不履行如实告知义务的，保险人对于合同解除前发生的保险事故，不承担赔偿或者给付保险金的责任，并且不退还保险费；

> 投保人因重大过失未履行如实告知义务，对保险事故的发生有严重影响的，保险人对于合同解除前发生的保险事故，不承担

赔偿或者给付保险金的责任,但应当退还保险费。

可以将这两条翻译为:

(1)故意不告知的,保险公司可以拒赔,且不退保费;

(2)过失不告知的,保险公司可以拒赔,但要退保费。

所以,按照《保险法》,保险公司对于该案件的处理是完全合理且合法的,绝不会出现"过了两年就得赔"这种拿着鸡毛当令箭的做法。

3. 正确理解"两年不可抗辩"

1)两年不可抗辩的核心内容是"解除合同应该在合同成立之日起两年内"

从《保险法》条款很容易看出,保险公司必须同时满足以下5个条件才能解约:

(1)投保人故意或重大过失不如实告知;

(2)不如实告知内容足以影响保险公司决定是否承保或提高保险费率;

(3)在合同签订时保险公司不知道投保人有不如实告知事项;

(4)保险公司在知道能解除保险合同之日起的30天之内;

(5)合同成立之日起两年内。

2)解除合同和理赔没有直接关系

两年不可抗辩只是保险公司解除合同的一个重要限制,而解除合同又往往和理赔挂钩。人们都认为解除合同是在理赔时处理,主要是因为在实务中往往是在理赔时才发现未告知事项,因此给人的错觉就是"无理赔不解约,有理赔才解约"。

解除合同和理赔没有关系!不管客户来不来理赔,只要保险公司查实有不如实告知事项，且满足上述 5 个解约要求，就可以解除合同，解除合同和理赔没有直接关系。

那保险公司为什么一般都选在理赔的时候才解约呢？主要是承保后普遍调查成本太高！一般来说，即便是住院医疗险这种出险率比较高的险种，出险率（理赔单量/承保单量）也不过 2%～3%，所以理赔调查和承保调查远不是一个数量级的。而且即便是理赔后调查，不如实告知率也不超过 5%，归根结底承保后普查的性价比太低，保险公司自然不愿意做。

3）适用了两年不可抗辩并不意味着一定要理赔

"过了两年出险就一定能赔"这句话是不全对的。

（1）超过两年后未解除合同如何理赔处理，我们可以从不同险种来看。

寿险：两年后身故，且除了未如实告知之外没有其他责任免除的情况（后面没有特别说明均默认为无其他免责情况），原则上应该赔。

重疾险：两年后出现重大疾病，若不是既往症而且是首次罹患，原则上应该赔；若是，则可以按既往症或非首次罹患拒赔，但保险合同继续有效——除非保险公司根据其他法律法规解除合同；要是在将来发生非既往症且首次罹患的其他重疾时，可以赔付。

医疗险：大多都是一年期，原则上不适用两年不可抗辩，也就是说存在故意或重大不如实告知时，保险公司原则上是可以解除合同并拒赔的。但对于续保时未要求健康告知而直接续保的，实务中适用不可抗辩条款。

（2）不可抗辩条款的意义，是在合情合理合法的情况下，最大程度保护被保人的权益。至于这个"合情合理"该如何理解，其实也有商榷的空间。

举两个极端的例子进行说明。

例如，投保人明知自己患癌的情况下想通过购买寿险来获得理赔，明显不合情不合理。反过来，如果被保人因肺炎住过院，投保时没有告知，若干年后如果因肺癌死亡，保险公司就不能因为当时没有告知该肺炎而拒赔，不然同样是不合情不合理。

（3）切不可过度解读"不可抗辩条款"，赔不赔的核心在于出险的情形与未如实告知的"病史"有无因果关系。

如果出险情形与病史有明显的因果关系，只要核赔时查到相关病史，保险公司一定拒赔，即使保单利益人打官司，也会败诉。反之，如果出险情形与未告知的病史并无因果关系，那基本上都是会赔付的，即使保险公司以"未如实告知"为由拒赔，保单利益人一旦起诉，打赢官司也是十拿九稳的。

4. 投保时的病史该如何告知

向来的建议都是投保人要严格核对所投险种的健康告知要求，一旦不符合，要么告知后等待核保结果，要么主动放弃投保，切不可隐瞒病史投保。

如果因过失造成的未告知，那在了解后，应该通知保险公司进行补充告知（补充告知是有技巧的，否则也会损害自身权益）。

第五节　投保后，如何补充告知体况

1. 分享一个真实案例

一位女性客户在一年多以前投保了一份重疾险，这一年来自己也了解了一些保险方面的知识，知道当初投保有身体状况没有如实告知，担心万一将来出险，保险公司会拒赔，所以补充告知了三项体况：

（1）左眼小时候受过伤，留下一小点，是外伤性白内障，视力无影响；

（2）3年前体检，有乳腺增生；

（3）医保卡给家人使用过。

这位客户补充告知的结果就是，保险公司解除合同，退回几百元现金价值（第一年的保费是 5 000 元左右）。

很遗憾，到保险公司决定解除合同时，即便是专业的保险顾问，能做的也很有限了，尤其是这位客户投保的这家保险公司是不接受医保卡外借行为的。但是，她遭遇解除合同的结果，确实好冤！

首先，她补充告知的健康状况，都是保险公司没有问到的，完全不必作补充告知。

2013年5月31日最高人民法院发布的《最高人民法院关于适用〈中华人民共和国保险法〉若干问题的解释（二）》的第6条，明确说明"投保人的告知义务限于保险人询问的范围和内容"。

换句话说，就是保险公司没有问到的，客户不用告知。

我们看一下这位客户告知的眼睛和视力问题、乳腺问题，保险公司是怎么问的，如图9-3和图9-4所示。

> 投保人健康告知
>
> 7. 您是否患有或曾患有下列疾病或症状，或因下列疾病而接受检查或治疗？
>   （1）先天性疾病、癫痫、身体或智力残疾、双耳失聪、双眼失明或高度近视1 000度以上；

图9-3 健康告知中关于视力的问题

第九章 健康核保：保险不是想买就买

> 10．15周岁以上女性告知：
> (1)您是否为高龄孕妇（35周岁以上）或怀孕28周以上或存在妊娠并发症？
> (2)您是否曾/正患有以下症状或疾病：乳房肿块、阴道不规则流血、子宫肌瘤、子宫内膜异位症、卵巢囊肿、TCT或HPV阳性、重度宫颈炎？

图9-4　保险健康告知中的女性告知

就这位客户的情况而言，这两个问题都不需要告知。

医保卡外借的问题，事实上也不是让家人以她的名义挂号就诊，仅仅是用她的医保卡给家人在医院或药房买药。

这属于医保卡的合理使用，也是不需要告知的。医保卡内有两个账户，一个是统筹账户，一个是个人账户。个人账户的钱就是自己的钱，个人账户里的钱给家人买药乃至出院结算都是可以的。广州市妇女儿童医疗中心的出入院收费处的指引，第3条就是指导大家如何用家属的医保卡消费，如图9-5所示。

图9-5　广州市妇女儿童医疗中心出入院收费处的指引

所以，就上面这位客户的情况，是不需要补充告知的。

2. 下面两种情况是否需要补充告知

投保后，检查出身体指标异常，是否需要补充告知？

答：不需要。但需留意，如果是等待期内查出有异常，等待期后确诊,有的保险公司不理赔。所以,建议等待期内不要做非必要的医疗检查,例如,普查性的体检。

投保后想起以往有身体指标异常,是否需要补充告知?

答:如果这些指标不会影响健康核保,或者这些异常不在保险公司的健康询问范围内,不需要告知。

3. 补充告知有技巧

如果这些异常影响核保,且在保险公司的健康询问范围内怎么处理,对客户是最有利的呢?

有一点小技巧。

如果客户是在犹豫期内想起这些异常体况的,直接退保,然后重新投保。这样做,以免保险公司接到补充告知后,核保结果是解除合同,从而导致客户几乎损失第一年的保费。

如果客户是在犹豫期后想起这些异常体况,担心影响将来的理赔,又担心补充告知了合同被解除,怎么办呢?

可以用一下小技巧"曲线救国"。

重新投保这家保险公司一份保险,投保时将以往没有告知的身体状况如实告知。新投保的这份保单,客户可以持有,也可以在犹豫期退保。不管怎样,保险公司通过这份新保单知道了客户的身体状况,只要没有解除原先的保险合同,将来万一出险,必须理赔。

背后的依据是《保险法》第16条,翻译成大白话就是,保险公司如果已经知道客户投保时没有如实告知,但过了30天保险公司还没有解除合同,将来客户万一出险,保险公司就不得以客户隐瞒体况投保来拒赔了。

《最高人民法院关于适用〈中华人民共和国保险法〉若干问

题的解释（二）》的第 7 条：

保险人在保险合同成立后知道或者应当知道投保人未履行如实告知义务，仍然收取保险费，又依照《保险法》第 16 条第 2 款的规定主张解除合同的，人民法院不予支持。

希望大家在投保时，在保险公司询问的范围内，都如实告知健康状况，以免埋下理赔纠纷的隐患。

同时也提醒亲爱的读者们：作为有 600 多年历史的金融工具，保险是有专业性的，涉及保险相关问题时，及早联系保险专业人士，而且最好是请保险顾问早早介入，否则木已成舟，保险顾问能做的就有限了。

再举一个理赔的案例来说明这一点。

有一位女生，未婚，投保了一份重疾险，投保后 100 天左右，不幸被诊断为乳腺原位癌。申请理赔时，保险顾问详细查看了她的理赔申请和医疗材料，竟然发现医生的报告里写有"曾自摸到乳房肿块"。于是，一再和她确认，才知道她是等待期后发现溢乳才去就医，然后确诊的，此前并未发现过肿块。

于是保险顾问建议她请医生更改误写的内容，以免让保险公司误会客户是隐瞒体况投保，从而拒赔。客户听从了建议。因为客户这么快出险，保险公司便调取了她近两年的体检报告，上面只是显示乳腺增生，并未有肿块，所以顺利赔付。

就这位客户而言，如果她当初的医疗资料提交上去，保险公司基本上就是拒赔。因为她有近两年的体检报告佐证，当然也可以申诉，争取到理赔，不过会耗费点时间。但是，如果她近两年没有体检呢？就很难自证清白了。

第十章
出险理赔的注意事项

第一节　掌握这几点，避免理赔纠纷

很多人关心：买的保险，万一出险，怎么申请理赔？

下面介绍几个万一出险让赔付更容易的技巧，或者说注意事项。

1. 健康问询要如实告知

前面说过，我们买保险时，通常需要填一份健康告知，如图 10-1 所示。说白了这就是一份疾病问卷，问卷里面会罗列很多病史问题，例如是否有住院史，是否有结节、息肉，是否有肝炎、心脏病等，这里就需要如实告知。

3. 您目前或曾经是否患有下列疾病或存在下列情况：
A.肿瘤相关疾病：恶性肿瘤、良性肿瘤（不含子宫肌瘤、乳腺纤维瘤、皮肤良性肿瘤、脂肪瘤、血管瘤）、原位癌、癌前病变、类癌、黑痣破溃或明显增大、不明原因淋巴结肿大、性质不明的息肉、赘生物、结节、囊肿、肿块、占位或包块，包括甲状腺结节、乳腺结节。
B.循环系统、呼吸系统疾病：高血压（收缩压>150mmHg或舒张压>100mmHg）、冠心病、心绞痛、心肌梗塞、心律失常（房早、偶发室早除外）、心功能不全、心脏瓣膜疾病、肺动脉高压、心肌病、川崎病（未累及冠状动脉异常的除外）、周围血管病、心肌炎、心包炎病、室壁瘤、心内膜炎、主动脉疾病、先天性心脏病、冠状动脉搭桥、心脏介入或微创治疗；哮喘（中度及以上）、呼吸衰竭、肺淋巴管肌瘤病、肺泡蛋白沉积、肺栓塞、阻塞性睡眠窒息症、尘肺、慢性支气管炎、慢性阻塞性肺疾病、肺气肿、肺结核（未愈）、胸腔积液。
C.神经系统及精神疾病：脑血业性疾病、蛛网膜下腔出血、脑出血、颅内血管畸形、颅内血管瘤、脑炎、脑膜炎、脑积水、脑损伤、脊髓疾病、脊髓灰质炎、多发性硬化、肌营养不良、肌无力、运动神经元病、癫痫、脑瘤、癫痫、帕金森症、痴呆、精神分裂症、人格障碍、抑郁症、精神障碍。
D.内分泌、消化系统疾病：糖尿病、高脂血症、高尿酸血症、痛风、甲亢、甲减、甲状旁腺功能亢进症、甲状旁腺功能减退症、皮质醇增多症、肾上腺皮质功能减退症、醛固酮增多症；乙型肝炎或乙肝表面抗原携带、丙型肝炎、酒精性肝炎、肝豆状核变性、肝硬化、肝功能失代偿、多囊肝、慢性萎缩性胃炎、克隆病（克罗恩病）、溃疡性结肠炎、肠梗阻、胰腺炎。
E.血液泌尿及生殖系统疾病：白血病、血友病、紫癜、脾大、再生障碍性贫血、骨髓异常增生综合症、地中海贫血、骨髓增生性疾病、凝血功能障碍、坏血、中度以上贫血、象皮病；海绵肾、肾炎、肾小球肾炎、肾动脉狭窄、肾病综合征、肾结石（双侧或多发）、肾积水、肾功能不全、肾衰竭、终末期肾病、多囊肾。
F.皮肤五官及结缔组织疾病：烧伤（I、II度烧伤除外）、类风湿性关节炎、风湿热、干燥综合征、混合性结缔组织病、系统性红斑狼疮、系统性硬化病（硬皮病）、强直性脊柱炎、脊柱裂、骨生长不全、坏死性筋膜炎、严重骨质疏松、青光眼、高度近视（800度以上）、视神经或视网膜病变、视力下降或失明、听力下降或失聪、语言障碍。
G.其他：器官移植或造血干细胞移植、残疾、昏迷、植物人状态、智能障碍、先天性疾病、遗传性疾病、头部外伤（未手术及无后遗症除外）、内脏损伤、慢性中毒、重症手足口病、性病、艾滋病或艾滋病病毒携带等。

图 10-1　保险的健康告知条款

假如没有如实告知，理赔时就有可能拒赔。

保险公司是可以调查我们病史的。如果保险公司怀疑客户隐瞒体况投保，他们可以调取医保卡的记录，走访工作地居住地附近的医院，甚至聘请专业的第三方调查，所以千万不要故意隐瞒。

有一个带病投保被拒赔的真实案例。

有位男士买了一份含有身故责任的重疾险，两年后他因为癌症去世了，他的孩子便找保险公司理赔，结果却被拒赔了，这是因为这位男士早在买保险之前就患了肝炎、肝硬化，还因为右肺腺癌住过院，但是他当时填写健康报告的时候并没有告知保险公司，属于"带病投保"，后来男士的儿子两次上诉保险公司，都败诉了。

2. 了解险种的保障范围

保险不是什么都保，不同的险种保障范围大不相同。拿住院医疗险来说，就是报销住院看病产生的合理且必须的医疗费用，对我们患什么病基本没有什么要求。

而重疾险却对保什么疾病有明确的规定，只有我们患有的疾病、实施的手术或者病情达到某种状态，符合了条款约定，保险公司才给赔。

意外险只保意外导致的伤害。要注意这个"意外"不是大众认知中的"意料之外"，在保险学上"意外"指的是"外来的""突发的""非本意的"，例如高空坠物、猫抓狗咬、自然灾害等。

需要特别注意的是，"猝死"，在医学上世界卫生组织一般认为是外表健康的人因自然疾病而出乎意料地死亡。虽然符合"突发的""非本意的"，但是"因病"并不符合"外来的"，所以意外险并不赔付"猝死"，不过现在有的意外险产品会专门把"猝死责任"涵盖进去，实际上是附加了一份猝死保险。

寿险就很简单了，保障身故或全残。

所以，当一个人拿着一份意外险去理赔癌症，保险公司肯定是拒赔的，因为这根本不在它的保障范围内。这就好比我们拿着一道数学题去问英语老师，英语老师答不出来很正常。

记住了，万一出险，应该拿符合条件的保单去申请理赔。

3. 别吸毒，别酒驾

吸毒、投保人对被保人的伤害、被保人的故意犯罪，不仅法律不允许，也在保险公司的免责条款里，保险公司会拒赔并解除合同。

除此之外，像因为酒驾、驾驶无合法有效驾驶证出险这类，保险公司通常也是不赔的。

有的定期寿险免责条款很宽松，只有两年内自杀、投保人对被保人的伤害和犯罪3条，但如果因为醉驾身故了，也就是血液中酒精含量达到80毫克/100毫升以上，还是会被拒赔。因为在刑法里，醉驾以危险驾驶罪定罪，属于"犯罪"，还是在保险的免责范围内。

4. 入住的医院符合要求

保险公司通常对就医的医院有要求，像普通的百万医疗险，一般要求二级及以上的公立医院的普通住院部，不含国际部、特需部，如果就医的医院不符合保险公司的规定，也会被拒赔。

此前"好医保"就有个客户被拒赔了，他因为心律失常在武汉亚洲心脏医院接受治疗，但这家私立医院不在"好医保"的保障范围内，于是就被拒赔了，这件事还上了热搜。

中高端医疗险对医院的限制较少，涵盖公立医院的普通部、国际部、特需部等特殊病房。高端医疗险除了公立医院以外，还覆盖私立医院，选择的范围更广。

大家在住院前，务必确认准备入住的医院是否在保险的保障范围内。

第二节　合同里几个重要的时间节点

消费者购买保险，一定要看清合同，明白保单到底提供了什么保障，有哪些免责条件等。但对于大部分人而言，保险条款读起来很费劲，尤其是重疾险，保单长达几十页。

本节内容介绍条款中常见的几个重要时间节点，方便大家读懂自己的保险合同。

1. 三大时间节点：犹豫期、等待期、宽限期

一份保险合同，涉及的时间节点不少，例如等待期、犹豫期、出险告知期、理赔期……大多数人可能只留意到其中两个：

（1）每年交钱的时间；

（2）出险理赔，钱到账的时间。

关系到钱袋子的事儿，大家总是比较敏感。实际上，其他时间节点对保单也有影响。

我们最该关注的三个时间节点分别是犹豫期、等待期和宽限期。

1）犹豫期

现在买东西通常都会有一个 7 天无理由退换货的时间，保险也有，而且更长。银保监规定，长期人身保险合同犹豫期一般为 10～20 天，如图 10-2 所示。

在这十几天内好好读读条款,有什么不理解的尽早和保险销售人员进行沟通,以免有误解。

如果发现保单和预期的不一致,或者说计划有变化,可以在犹豫期内退保。

退保时,原则上要扣除一部分的工本费,但是保险公司基本上都不会收取这个费用。

犹豫期　为充分保障您的权益,本合同设有犹豫期。自您签收本合同次日起十五日为犹豫期。请您认真审阅本合同条款,在犹豫期内您可以申请解除本合同。

在犹豫期内申请解除本合同时,您需要填写申请书,并提供您的保险合同及有效身份证件。自我们收到解除合同的书面申请之日起,本合同终止,我们将在扣除工本费后退还您所支付的全部保险费,并且我们对本合同终止前发生的保险事故不承担保险责任。

图 10-2　保险条款里的"犹豫期"定义

2)等待期

说到保障,我们必须提一下等待期,也叫观察期,如图 10-3 所示。

等待期　自本合同生效日或最后复效日(以较迟者为准)起九十日内(含第九十日)为等待期。

被保险人在等待期内因意外伤害[11.4]以外的原因导致初次患本合同所定义的中症疾病、轻症疾病[11.5](无论一种或多种)的,我们不承担给付保险金的责任,该一种或多种疾病的保险责任终止。

被保险人在等待期内因意外伤害以外的原因导致初次患本合同所定义的重大疾病[11.6](无论一种或多种)、身故或全残[11.7]的,我们退还您所支付的本合同累计已交保险费[11.8],本合同终止。

被保险人因意外伤害导致初次患本合同所定义的轻症疾病、中症疾病、重大疾病(无论一种或多种)、身故或全残的,无等待期。

图 10-3　保险条款里的"等待期"定义

等待期的条款看上去也挺复杂的,不过如果我们从保险公司设计这个条款的角度出发去想,就很好理解了。

有些人明知道自己要得大病或者要出事了,赶快投保,直接获得赔付,这种行为在学术上叫作"逆选择",这种行为不仅增加了保险公司承保风险的成本,也会损害我们正常投保人的利益。

是的,我们需要意识到,其实保险公司和投保人并不是站在对立面的,两者其实是站在统一战线上共同对抗不诚实的投保人及不专业的保险销售人员的。

为了避开这种不诚实不正常的投保人,保险公司设计了这个叫作"等待期"的条款。

在此期间内被保险人因为疾病出险的话,保险公司不会赔付,保单失效,保险公司退回已交保费。有的产品,是出险的症状不续保,其他继续承保。

选择产品时,原则上等待期越短越好,这样我们可以尽快有保障。

一般重疾险和寿险等待期长一点,需要 90～180 天;

一般医疗险 30～90 天,高端医疗险没有等待期;

意外险通常没有等待期,绝大部分产品投保完之后,隔天零点就生效了。

3)宽限期

宽限期是投保人的好朋友,一般适用于重疾险、寿险等长期险种,如果投保人不能及时缴纳保费,缴费日后 60 天内交上就行,保障不会中断,这 60 天就是宽限期,如图 10-4 所示。

宽限期　　分期支付保险费的,您支付首期保险费后,除本合同另有约定外,若您到期未支付保险费,自保险费约定支付日的次日零时起六十日为宽限期。宽限期内发生的保险事故,我们仍会承担保险责任,但在给付保险金时会扣减您欠交的保险费。

您在宽限期届满后仍未支付保险费的,本合同自宽限期届满的次日零时起效力中止。

图 10-4　保险条款里的"宽限期"定义

例如，小王本该在 5 月 19 日缴费，但手头有点紧，一直到 7 月 17 日前，只要他缴费了，保单还是继续有效的。而且宽限期内如果出险，保险公司也会赔付。

2. 下面这些时间节点，一个也不能少

说到底，我们了解这些时间节点的目的就两个：没出险时，保单可以继续有效；出险后，理赔款能够早日到账。围绕这两个点，便产生了另外几个时间概念。

（1）关于保单有效的：保单生效期、复效期、诉讼有效期；

（2）关于理赔款早日到账的：出险告知期、保险金给付期限、保单自动续保。

1）生效期

它指的是保单什么时候开始发生效力，如图 10-5 所示。

保险单

货币单位：人民币（元）			
保险合同号：88888888	保险合同成立日：2020年08月26日		保险合同生效日：2020年08月27日
投保人姓名：张三	性别：女	证件号码：88888888	
被保险人姓名：张三	性别：女	证件号码：88888888	
受益人姓名	证件号码	受益顺序	受益比例
法定受益人			
（本栏以下空白）			

图 10-5 保单生效期

一般来说，我们和保险公司签订合同，保险公司接收到了我们的投保要约，核保通过同意承保，保单即成立。但需要注意的是，合同生效日并不等同于合同成立日。

合同生效之后就一定会赔吗？也不是的，还需要投保人过了等待期，保单才会发挥保障。因此，在这里不厌其烦地说一句，投保要趁早。

2）复效期

让保单重新有效的一段期限，如图10-6所示。

我们前面提到过，投保人交保费有60天的宽限期，但是如果过了60天还没有缴费，保单效力就会中止，万一出险，保险公司是不赔的。但投保人可以在保单效力中止后两年内申请复效。

在这两年内，保险公司保留这份保单，但是它不会发生任何效用。这两年内，投保人都可以申请复效。但是，保险公司会重新进行核保。

合同效力的恢复　自本合同效力中止之日起二年内，您可以申请恢复合同效力。经我们与您协商并达成协议，在您补交保险费及利息的次日零时起，合同效力恢复。计算上述补交保险费利息的利率按您申请恢复合同效力时我们最近一次已宣布的本合同约定利率[11.20]为上限确定。

自本合同效力中止之日起满二年您和我们未达成协议的，我们有权解除合同。我们解除合同的，向您退还合同效力中止时本合同现金价值。

图10-6　保险条款里"合同效力的恢复"定义

如果身体状况良好通过核保，保单继续有效，但需要重新计算等待期；如果没有通过核保，保险公司可以拒绝承保，保单终止。如果投保人两年内没有提出复效申请，两年期满后，保单失效，退回投保人现金价值，合同结束。

3）诉讼有效期

保单本质上是投保人和保险公司订立的合同，出险之后，符合合同约定的情况下，保险公司应当及时赔付。

为了防止保险公司赔付时间过长，《保险法》规定了保险金给付期限。

可有时候，客户和保险公司未能达成协议，要向法院提起诉讼。出于督促利害关系人（例如，投保人、受益人）积极维护自己的权利，《保险法》还规定了诉讼有效期，如图10-7所示。

诉讼时效　除法律另有规定外，受益人向我们请求给付保险金的诉讼时效期间为二年，自其知道或者应当知道保险事故发生之日起计算。

图10-7　保险条款里"诉讼时效"的定义

意思就是利害关系人在规定的时间内上诉，法院会受理他的诉求，帮助他维权，过了这段时间法律就不能百分之百保障合同履行了。之所以规定这个时间，是因为法律不保护权利的沉睡者。

那这段时间怎么计算呢？人寿保险，诉讼时效是5年，其他保险诉讼时效是2年。时间不是出险之日，而是从投保人知道或者应当知道保险事故发生之日起计算。

4）出险告知期

出险了也是需要通知保险公司的，不然保险公司怎么知道客户出险了需要理赔呢？而告知保险公司是有期限的，最好是10天之内，如图10-8所示。

保险事故通知　您或受益人知道保险事故后应当在十日内通知我们。
您或受益人故意或者因重大过失未及时通知，致使保险事故的性质、原因、损失程度等难以确定的，我们对无法确定的部分，不承担给付保险金的责任，但我们通过其他途径已经及时知道或者应当及时知道保险事故发生或虽您或受益人未及时通知但不影响我们确定保险事故的性质、原因、损失程度的除外。

图10-8　保险条款里"保险事故通知"的定义

虽然逾期后两年时间内不会产生大影响，但早一天告知，也便于我们收集资料提交给保险公司理赔。否则，时间久了，对于模糊不清、无法明确界定为理赔范畴的部分，保险公司不会赔偿。

5.保险金给付期限

保险公司在收到出险消息后，必须及时作出回应。

情况不复杂的，保险公司一般短则三五天，长则 10 天之内回应；情况复杂的，必须 30 天内作出核定。核定后确认了保险金金额后，保险公司要在 10 天内把钱打到客户的账户上，如图 10-9 所示。

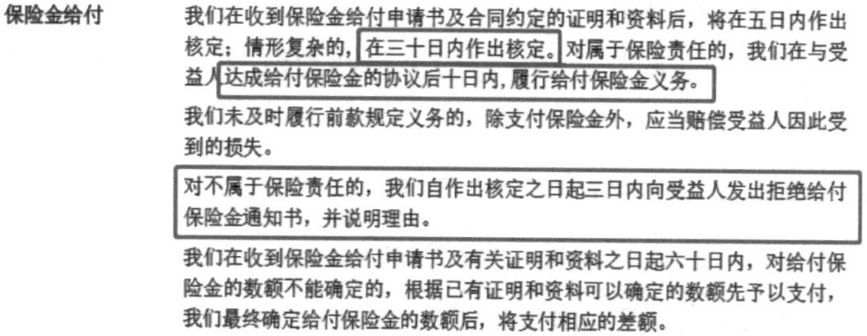

保险金给付　我们在收到保险金给付申请书及合同约定的证明和资料后，将在五日内作出核定；情形复杂的，在三十日内作出核定。对属于保险责任的，我们在与受益人达成给付保险金的协议后十日内，履行给付保险金义务。
我们未及时履行前款规定义务的，除支付保险金外，应当赔偿受益人因此受到的损失。
对不属于保险责任的，我们自作出核定之日起三日内向受益人发出拒绝给付保险金通知书，并说明理由。
我们在收到保险金给付申请书及有关证明和资料之日起六十日内，对给付保险金的数额不能确定的，根据已有证明和资料可以确定的数额先予以支付，我们最终确定给付保险金的数额后，将支付相应的差额。

图 10-9　保险条款里"保险金给付"的定义

第三节　投保后要做的 5 件事

1. 过一段时间再体检

买了保险后，如果身体没有明显不适，最好过了等待期再去做体检。

在等待期内确诊的疾病（除非是意外事故导致），不管是轻症、中症还是重疾，都是不赔的。很多保险公司的做法是直接退回保费，解除合同。

就算只是在等待期内查出异常，在等待期后才确诊疾病，也有可能被某些产品拒赔。

有一位消费者 2018 年 3 月 30 日给家人买了一份医疗险，等待期 30 天。4 月 29 日，家人参加单位组织的体检，检查出乳腺结节，当年 6 月，在三甲医院确诊乳腺癌。

准确来说，被保人是在等待期后才被确诊的，但还是被保险公司拒赔了，因为那款产品的条款里明确规定：等待期内被保人接受医学检查或治疗，且延续至等待期后确诊的疾病，也属于除外责任。

2. 注意完成回访

客户回访，是监管要求保险公司必须做的一个步骤，旨在保护消费者的权益。

长期保险都要做回访，包括客服电话回访、短信链接和公众号在线回访，我们完成任意一种就可以。

回访主要会问些基础的问题：

（1）是不是本人买的保险？

（2）明白条款里面的除外责任吗？

（3）了解等待期是多少天或者等待期理赔的情况吗？

如果错过回访电话或者不知道如何进行线上回访，可以直接联系保险顾问，但是一定要完成回访。

3. 买完保险记得告诉家人

买完保险要记得告诉家人或者身边最好的朋友。因为保险是自己买的，但是申请理赔的往往就是他人了。

为了顺利保险理赔，我们通常需要在保险事故发生后尽早报案，以便保险公司及时进行理赔审核，避免时间间隔长了后取证更加困难。

同时建议将信任的好友、家人或者同学作为紧急联系人，提供给保险顾问，在需要帮忙的时候，他们可以协助沟通保单理赔等事宜。

4. 关注保险公司的微信公众号

现在科技发达，以前需要去分支机构办理的业务，我们大多数可以直接在线上操作完成。

越来越多的产品可以在线投保。如果是在线投保的话，投保后邮箱会收到电子保单。电子保单和纸质保单法律效力一致，也可以打印出来保存。

如果需要纸质保单的话，我们可以直接在线申请纸质保单，如图 10-10 所示。

图 10-10　在线申请纸质保单

还可以在线变更基础信息，如常见的身份证有效期、续期银行卡、联系电话号码等，非常方便。保险公司也在与时俱进，对我们来说会越来越便利。

一些重要的信息发生变更，例如职业的变动，我们应该及时通知保险公司和保险顾问，以免影响日后的理赔。

无论出现什么意外，特别是涉及第三方事故的话，请第一时间联系保险顾问，以便第一时间报案和协助理赔。

第四节　病历会影响核保和理赔

人身保险的理赔，很大程度取决于我们当下就诊的病历结果和投保前的病历记录，前者是判断本次出险是否符合合同保障内容；后者则是保险公司评估被保人是否做到如实告知。

保险公司不会查所有人以前的病历、体检记录。一般两种情况会查：①理赔资料上提及没有告知的既往症，而该既往症会影响核保；②健康类保险，投保后很快出险，保险公司怀疑带病投保。

下面我们来看两个理赔案例：

有一位消费者，2020 年 1 月旅行途中意外摔倒，导致骨折、脱臼，住院治疗一共花费了 2 万多元。在这之前她购买过一款意外险，包含意外医疗责任。于是出院后，她便向保险公司申请理赔，结果却收到了拒赔通知。

保险公司认为她是旧伤复发，属于既往症，因为住院病历上写的是"陈旧性习惯脱臼"。她觉得特别冤，这是她第一次脱臼，何来"陈旧性"和"习惯"之说呢？然而就是病历上这莫名多出来的两个词，成了她理赔时最大的障碍。

还有一位消费者，买了某保险公司的一款医疗险。大约半年后，他突然觉得腰酸腿疼，去当地医院先后做了 CT 与核磁共振，显示腰椎间盘突出，医生建议手术治疗。犹豫不决的他又去另一家医院，医生同样建议手术，于是他就在第二家医院做了腰椎间盘突出微创手术。

出院后他向保险公司申请理赔，却遭到了拒赔。理由是在第二家医院的门诊病历上，医生写的是"5 年前有相似病史，伴足底麻木，院外 CT，MRI"。据此，保险公司认为他 5 年前就在其他医院做了 CT 和核磁共振，属于既往症。

他很是不服，因为所谓的"院外 CT，MRI"指的是同年在前一家医院做的检查，并不是 5 年前做的，保险公司理解有误。

那么"5 年前有相似病史"到底是怎么回事呢？

"就因为门诊时医生问我以前有没有过类似情况！我就说了句以前腰那里好像有酸胀过！问我几年前！我说四五年前吧！没几天就好了！之后一直就没有过症状！难道几年前有过腰酸背痛也算是腰椎间盘突出症的既往史吗？"

1. 病历资料是理赔与否的重要依据

消费者也许要说，看，保险可不就是这也不赔，那也不赔么？

从保险公司的角度看来，他们也很冤枉，他们根据病历来审核赔不赔，并没有问题。这两位网友理赔遇阻，问题都在病历上。

对于医疗险，可以通过病历排查申请理赔的疾病是否为既往症。大多数医疗险，既往症都是不保的。至于重疾险，需要通过病历审核是否达到了条款上规定的理赔条件。而意外险，则要看病历上的就诊记录、病情判断和治疗记录是否与理赔申请表上描述的事故相吻合。

2. 病历也是判断投保人投保时有无如实告知的关键

这里所说的病历，可不单单是我们在申请理赔时向保险公司提交的这一份，也包括我们过往的病历。根据我们国家目前实行的《医疗机构病历管理规定》，医疗机构对门（急）诊病历的保存时间不得少于 15 年，住院病历更是要保存至少 30 年。这份《规定》中还有一条，如果保险机构有商业保险审核的需要，提供相关材料后，医疗机构可以提供患者部分或全部病历。

保险公司当然不会每个理赔都去查客户的所有病历——成本

太高了！但是，如果遇到很快出险的案例，或者理赔材料上的表述让保险公司怀疑客户隐瞒体况投保，理论上他们是可以调查我们过去几十年的病历的。

所以，我们真的要慎重对待自己的每一份病历，尤其是要拿去申请理赔的病历。

3. 就诊时，如实陈述病史

虽然病历是医生写的，但病历出错却并不都是医生的错，有时候我们自己也要负上一部分责任。例如，我们陈述病史时不够准确，又或者受情绪的影响夸大了病情，都可能会误导医生，导致病历与事实不符。为了避免病历被写错，下面给大家总结了几点建议：

1）不自我诊断

有的人身体不舒服就喜欢去网上搜，一看症状哪哪都像，再加上几分心理暗示，觉得八九不离十就是某个病了，自己先给自己下了诊断，去看医生时就有了主观设定。

明明只是胸口疼，却告诉医生自己心绞痛；摔倒后头有点晕，就跟医生说脑震荡了。

由于缺乏专业的医学知识，我们的自我判断和对某些疾病的理解可能都是错误的，这些信息不仅没用，而且还会干扰医生的判断。

2）不用没有充分理解的词

向医生描述病情症状时，尽量使用日常化的语言，不要使用一些自己没有充分理解的医学专用词汇，因为这些医学名词都有特定的含义，望文生义、一知半解很容易引发误解。

例如，咳嗽的时候痰里有一点血丝，就不要说"咯血"，后者一般是要咳出大量的血，根本不是一回事。

3）不刻意夸大病情

去公立三甲医院专家门诊看过病的人，应该都有过"候诊两小时，看病三分钟"的体验。于是有一些老年朋友，为了引起医生的重视，能和医生多聊一会儿，就喜欢把自己的病情讲得夸张几分。家里如果有老人去看病，最好提前和他们说清楚这么做的坏处。

4）不确定的问题不随便回答

询问既往病史是医生的常规操作，但如果是你不确定的问题，就不要随便给出答案。

例如，上面腰椎间盘突出的那位网友，医生问他以前有没有过类似情况，他随口说了句四五年前腰那里好像有酸胀过，于是病历上就写了"5年前有相似病史"。可事实上他四五年前只是腰酸了几天，可能就是劳动或运动后普通的腰酸背痛而已。

5）拿到病历后第一时间检查

这点特别重要！

门诊病历是就诊结束就能拿到的，如果有问题可以立刻与医生沟通。现在很多医院的病历都是打印出来的，也不怕看不懂医生的字迹了。

住院病历由医院统一保管，只能在出院一两周后去病案室复印，不能第一时间拿到。但现在不少医院都会让病人在其中的入院记录上签字确认病史，签字之前一定要认真阅读，确认无误再下笔。

6）若是家属代签字，也千万叮嘱好家属

如果发现病历上有违背事实的地方，修改一定要趁早。一是时间久了,很多问题容易说不清,尤其是等到出现理赔纠纷时。二是病历一旦归档,原则上是不允许改动的,遇到特殊情况需要修改的,流程也非常烦琐,通常需要由主管医师向医务科申请,科主任签字,病案管理部门开放权限才能修改。

买保险的目的不是为了理赔,但万一出了事,可别让一份写错的病历成为理赔路上的"绊脚石"。所以,大家一定要谨慎对待自己的病历资料。

第五节　和投保时的保险顾问保持联系

建议消费者和自己的保险顾问保持联系,也希望他一直在保险行业。

为什么呢?因为万一我们出险时,最希望我们能顺利获得赔付的,除了我们自己之外,就是当初卖我们保险的人了。所以理赔过程,保险顾问介入得越早越好。

1. 出险后第一时间联系保险顾问,协助自己报案

保险公司通常会在条款里明确规定,如果没有及时通知他们,导致保险事故的性质、原因、伤害程度难以确定,将对无法确定的部分不承担保险责任,如图10-11所示。

保险事故通知	您或受益人知道保险事故后应当在十日内通知我们。 您或受益人故意或者因重大过失未及时通知,致使保险事故的性质、原因、损失程度等难以确定的,我们对无法确定的部分,不承担给付保险金的责任,但我们通过其他途径已经及时知道或者应当及时知道保险事故发生或者虽您或受益人未及时通知但不影响我们确定保险事故的性质、原因、损失程度的除外。

图10-11　保险条款里的保险事故通知规定

而且要随时保留可以理赔的证据。例如,申请疾病保险理赔时，通常需要诊断报告书、CT影像、住院证明、费用单据等，看病时这些材料就要及时保存。

除此之外，理赔身故的材料一般需要身故鉴定、死亡证明和户籍注销证明，理赔伤残时需要提供残疾鉴定报告书，把这些理赔材料准备齐全了，理赔起来其实并不难。

像前文提到的病历书写的注意事项，医生往往也不懂对核保和理赔可能产生的影响，保险顾问则可以综合医学、保险、法律的相关知识，争取到最好的结果。

专业的保险顾问，会提醒客户需要准备哪些资料，初步审核，手把手指导客户上传材料，万一发生理赔纠纷，还会帮助客户申诉，帮助客户提升理赔通过率。

2. 两个理赔案例

一位消费者买了重疾险，后来被诊断为癌症，保险公司赔了200万元。

客户做了手术，但是没治好，大半年后还是走了。

这位保险顾问一直跟进这位客户，知道他深度昏迷了。而他的重疾险，深度昏迷可以再申请一次理赔，如图10-12所示。

(21) 深度昏迷72小时

指因疾病或意外伤害导致意识丧失，对外界刺激和体内需求均无反应，昏迷程度按照格拉斯哥昏迷分级（Glasgow coma scale）结果为5分或5分以下，且已经持续使用呼吸机及其他生命维持系统达到72小时。

图10-12 深度昏迷72小时理赔条件

但是理赔条款有两个要求，一个是按照格拉斯哥昏迷分级，一个是持续使用呼吸机及其他生命维持系统达到72小时。

医生和家属都没有意识到要分级和记录时间，还好保险顾问有提醒家属，要让医生记录昏迷时间、做格拉斯哥昏迷分级。

这才有了第二笔200万元的理赔款。

这也是保险经纪人的优势,理赔经验丰富,而且态度中立、客观,不偏袒保险公司,可以为客户争取最大的权益。

因为有时候,我们并不是按照条款发病的,在模糊的地带间被保险公司拒赔,保险顾问可以反败为胜,争取到赔付。

2019年,周先生确诊类癌,申请重疾险理赔被保险公司拒赔。拒赔的理由是,类癌既不属于恶性肿瘤也不属于原位癌。经手的保险顾问,查阅了世界卫生组织《疾病和有关健康问题的国际统计分类》(ICD-10)的定义也是如此,类癌既不属于恶性肿瘤也不属于原位癌。所以,保险公司核赔人员给出拒赔结论是合理的。

但是,周先生已经进行了肿瘤切除手术,后期还需要至少半年的靶向药治疗,真的不能理赔吗?这位认真负责的顾问并没有放弃。终于在病理分析报告中找到了依据:报告显示肿瘤已有浸润和扩散,符合恶性肿瘤特征。

同时主治医生也认可周先生的肿瘤属于恶性肿瘤并给出了带有本人签名和医院盖章的书面病情证明。在结合保险学、法学、医学的学识基础上,保险顾问最终为客户争取到了40万元的"救命钱"理赔。

专业的保险顾问是一名杂家,需要知道一点医学、一点经济、一点人口学、一点财税知识、一点法律知识、懂点投资……他们可能是中国社会最活跃、接触面最广泛、和医疗、健康、养老这些关键领域接触最深的人。所以,遇到一位优秀的保险顾问不易,投保后一定要保持联系。